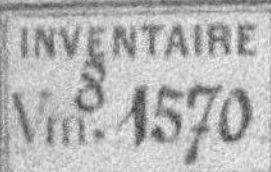

Ernest Cury

L'Ecole pratique du Solfège

Cours théorique et pratique de Musique vocale
en 3 parties
Pour 1re et 2e Basses

Ire PARTIE

Prix net : *broché* . . . . . 1 fr 50
— *cartonné* . . . . . 2 »

PARIS
ENOCH ET Cie, ÉDITEURS DE MUSIQUE
27, Boulevard des Italiens
London: ENOCH & SONS
Brunswick : Henry Litolff's Verlag

Les 2e et 3e Parties : chaque broché . . . . . net 1 fr. 50
— — — cartonnée . . . . . — 2 »

1905

Ernest Cury

L'Ecole pratique
du Solfège

Cours théorique et pratique de Musique vocale
en 3 parties
Pour 1re et 2e Basses

1re PARTIE

Prix net : broché. . . . . . . 1 fr. 50
— cartonné. . . . . 2 »

PARIS
ENOCH ET Cie, ÉDITEURS DE MUSIQUE
27, Boulevard des Italiens
London : ENOCH & SONS
Brunswick : HENRY LITOLFF'S VERLAG.

Les 2e et 3e Parties : chaque brochée. . . . . net 1 fr. 50
— — — cartonnée . . . . — 2 »

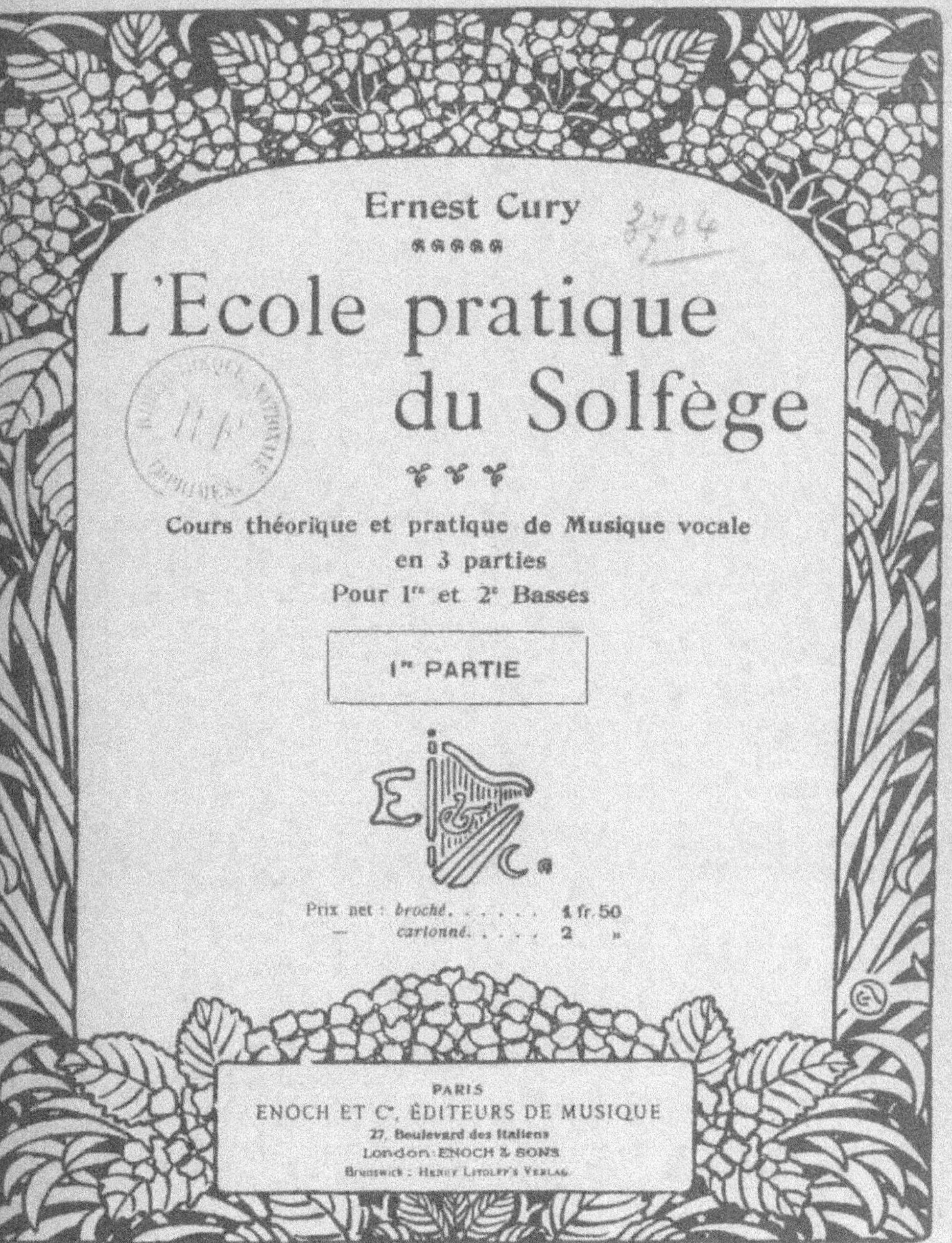

1905

TABLE DES MATIÈRES.

THÉORIE.

1905

E. & C. 6153.

COURS THÉORIQUE ET PRATIQUE
DE MUSIQUE VOCALE.

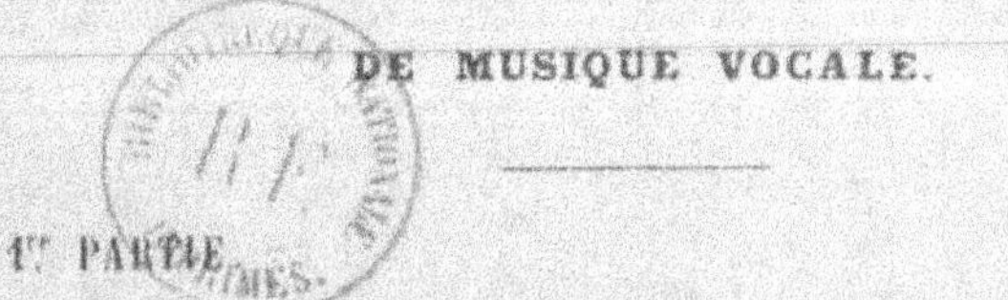

1re PARTIE. — RUDIMENTS.   1re PARTIE.

DES SONS
ÉCHELLE MUSICALE.

La musique est l'art de combiner les sons.

Le son musical diffère du bruit par des qualités qui lui sont propres: le *timbre*, l'*intonation*, l'*intensité* et la *durée*.

Timbre: Caractère particulier du son, qui fait qu'on ne peut confondre les sons de la flûte et ceux du cor, les sons du violon et ceux de la voix humaine.

Intonation: Qui permet de distinguer un son grave d'un son aigu.

Intensité: Degré de force du son.

Durée: Prolongation plus ou moins longue du son.

Les sons émis par une voix d'homme sont graves relativement à ceux émis par une voix de femme ou d'enfant.

Trop grave ou trop aigu, le son n'est plus appréciable.

Dans le système musical, on n'emploie que les sons dont l'oreille peut aisément apprécier la qualité. Quoique le nombre en soit considérable, sept noms suffisent pour les désigner.

UT ou DO, RÉ, MI, FA, SOL, LA, SI.

On donne ces noms à une série de sept sons qui montent graduellement. En ajoutant à celle-ci, plusieurs autres séries semblables quoique plus élevées, on obtient une succession de sons qui prend le nom de gamme ou échelle musicale.

EXEMPLE

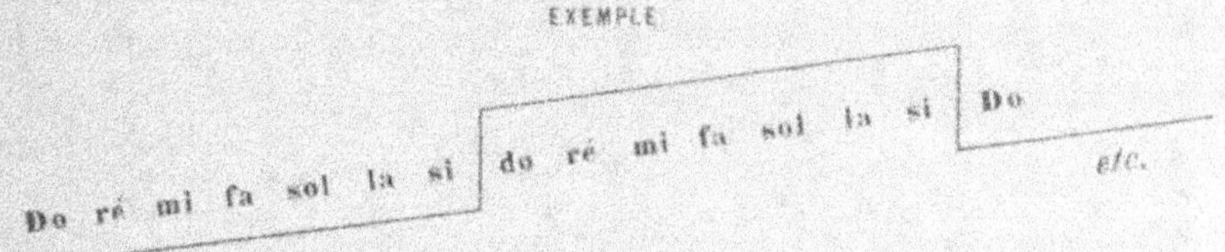

Bien qu'en réalité la gamme ne soit composée que des sept sons que nous venons de nommer, elle n'acquiert un sens musical complet qu'avec la répétition, à l'aigu, du premier son grave, de manière à marquer un repos pour l'oreille.

Paris, ENOCH & Cie Éditeurs.

Ainsi construite, la gamme devient une formule mélodique qui sera désormais la source d'une foule d'autres combinaisons.

La gamme est ascendante et descendante.

Elle est ascendante dans l'ordre indiqué ci-dessus; elle est descendante dans l'ordre inverse.

EXEMPLE.

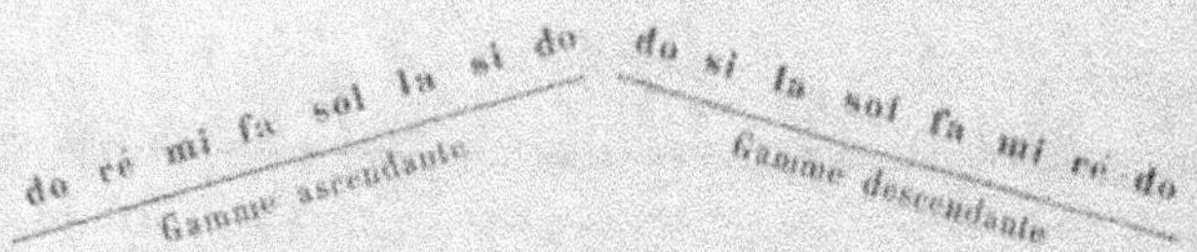

Par sa forme essentiellement mélodique, la gamme s'impose vite à la mémoire. Elle est la base de la musique. Nous la considérons donc comme le point de départ des études vocales.

A ce titre, nous recommandons les exercices suivants employés toujours avec succès dans notre enseignement.

Néanmoins, les professeurs qui jugeront trop difficiles les numéros 2 et 3, pourront ne les faire pratiquer qu'après l'étude des intervalles.

EXERCICES.

1. Faire chanter la gamme, en montant et en descendant, autant de fois que cela sera nécessaire pour que l'élève en retienne les sons.

2. Désigner les sons par leurs noms, sans ordre déterminé, et exiger l'intonation qui convient à chacun d'eux.

3. On peut encore, à l'aide de la voix, d'un piano ou de tout autre instrument, faire entendre successivement des sons appartenant à la gamme, et en demander les noms.

Ces exercices faits consciencieusement faciliteront beaucoup l'étude des intervalles.

NOTES ET CLEFS.

On représente les sons à l'aide de caractères appelés notes. Les notes s'écrivent sur cinq lignes horizontales dont la réunion se nomme portée.

Les lignes de la portée se comptent de bas en haut.

L'espace compris entre les lignes s'appelle interligne.

Pour représenter les sons plus graves ou plus aigus, on augmente l'étendue de la portée au moyen de petites lignes additionnelles ou supplémentaires.

Sans être musicien, on devine au premier coup d'œil que les sons graves sont représentés par les notes situées au bas de la portée, et qu'à mesure de leur élévation sur les lignes, les sons qu'elles figurent deviennent graduellement plus aigus

Cela ne suffit pas; il faut encore savoir à quel nom correspond chacun de ces caractères.

Pour déterminer le nom des notes sur la portée, on se sert d'un signe nommé Clef.

Il y a trois sortes de Clefs.
- Clef de Sol
- Clef de Fa
- Clef d'Ut

On pose la clef sur une des cinq lignes, au commencement de la portée.

Ainsi placée, elle donne son nom à la note située sur la même ligne qu'elle. Le nom de cette note étant connu, il devient facile de nommer les autres.

Nous ne nous occuperons dans cet ouvrage que de la clef de fa 4me ligne employée pour les voix de basses.

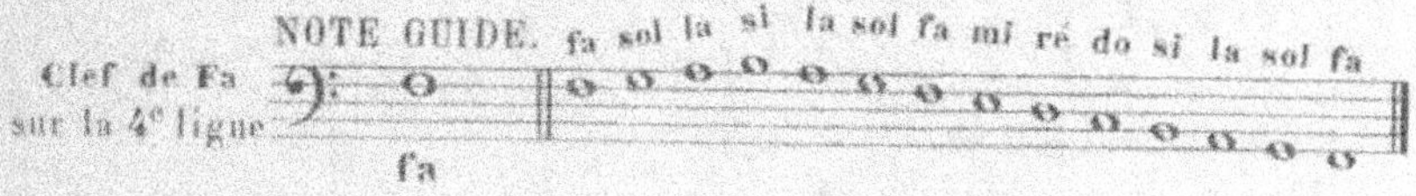

EXERCICES

POUR APPRENDRE À LIRE LES NOTES*

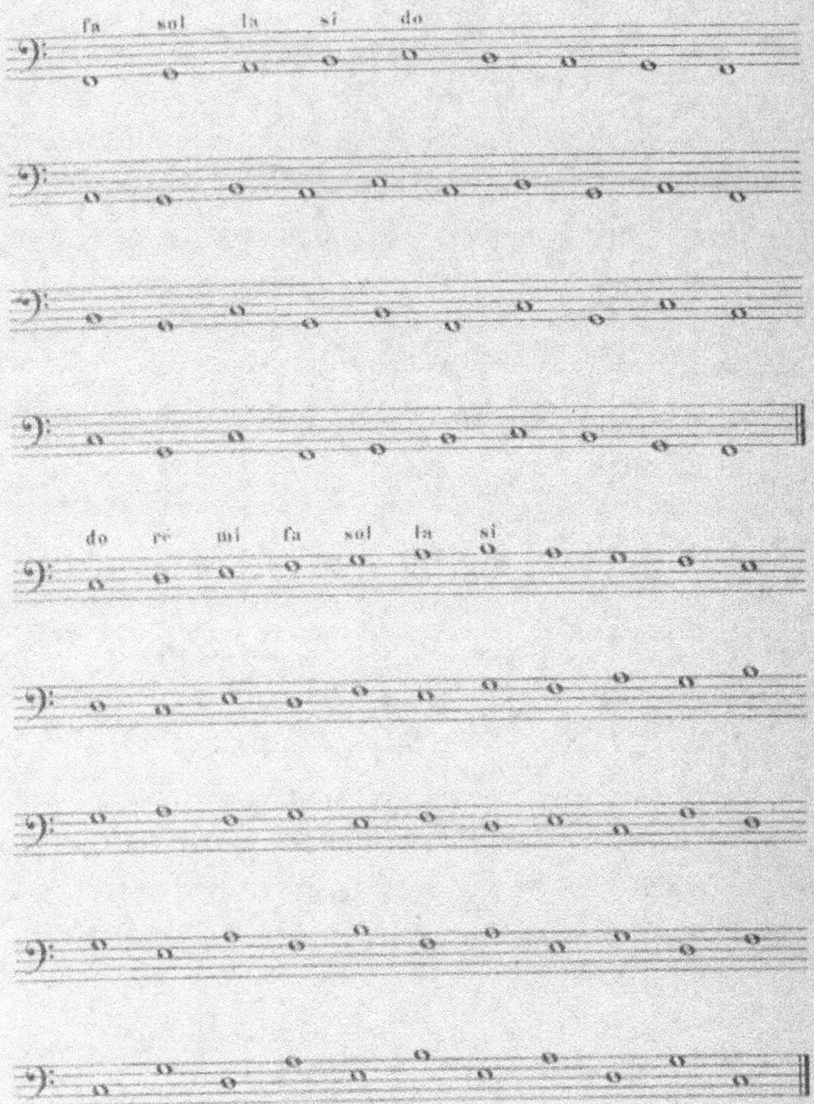

* Ces exercices ne doivent pas être chantés.

RÉSUMÉ.

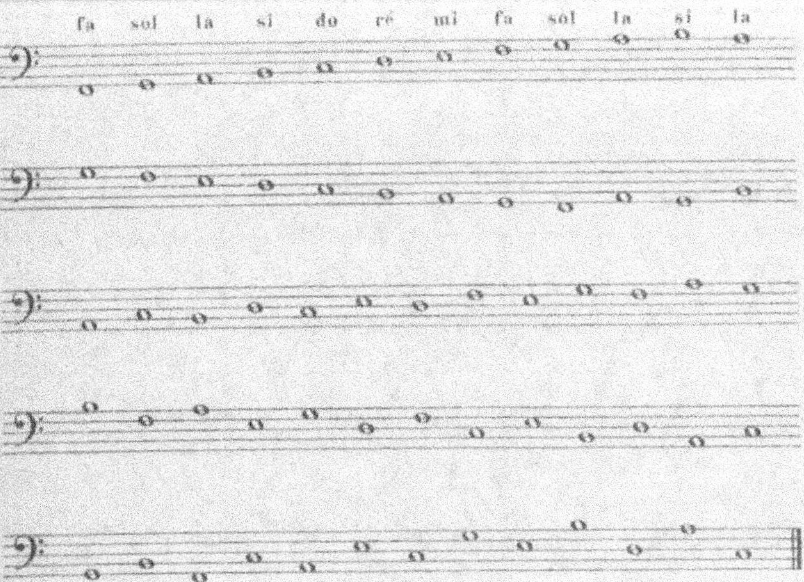

La voix des élèves qui commencent l'étude du solfége n'ayant pas à franchir ces limites, nous leur donnons seulement un exemple de quelques notes placées sur les lignes supplémentaires. On pourra le consulter plus tard, au fur et à mesure des besoins.

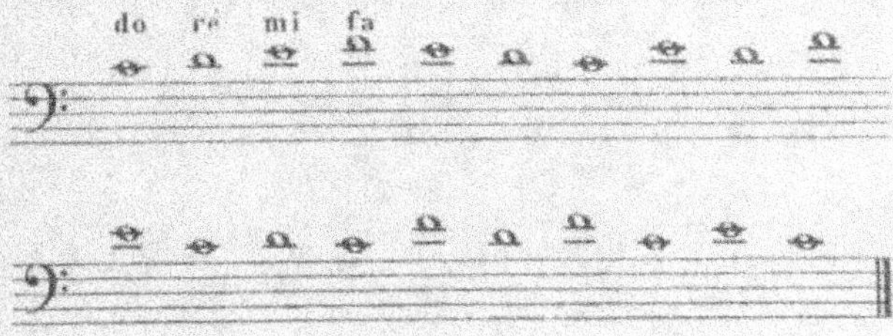

DEGRÉS CONJOINTS ET DISJOINTS.

Nous avons donné le nom d'échelle musicale à la succession des sons nommés do, ré, mi, fa, sol, la, si, do. En conséquence on peut considérer chacun de ces sons comme un degré de cette échelle.

EXEMPLE

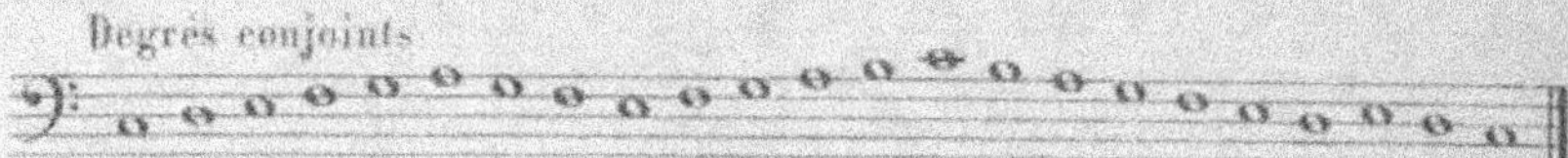

Deux sons voisins, comme do, ré=mi, fa=sol, la=en montant; ou do, si=la, sol= fa, mi=en descendants, sont appelés degrés conjoints.

Degrés conjoints

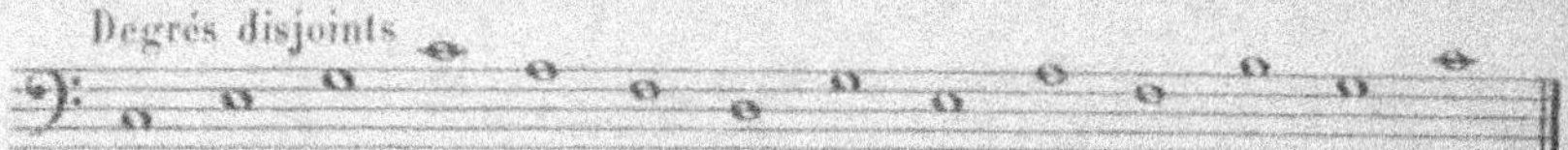

Deux sons séparés par un ou plusieurs autres sons, prendront le nom de degrés disjoints; tels que: do, mi=sol, do=la, fa=

Degrés disjoints

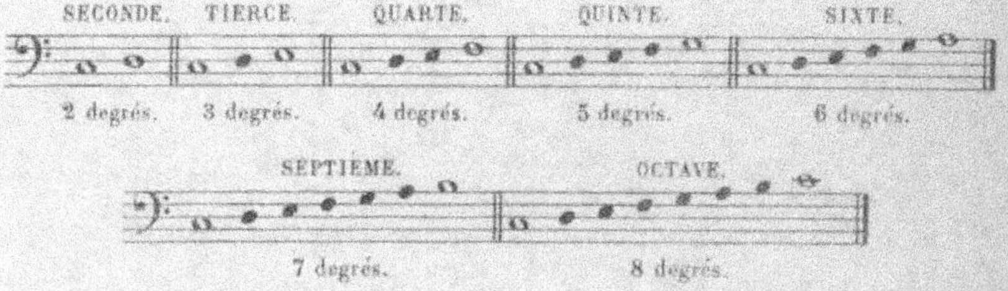

DES INTERVALLES.

La succession de deux degrés conjoints et disjoints est appelée intervalle. En d'autres termes, un intervalle est la distance qui existe entre deux dégrés. Il reçoit un nom exprimant le nombre de degrés dont il se compose.

Les sept intervalles principaux sont ainsi nommés:

Seconde, Tierce, Quarte, Quinte, Sixte, Septième, Octave.

Le même degré entendu deux fois de suite est un unisson.

L'unisson n'est pas un intervalle puisqu'il n'y a pas de distance entre deux sons identiques.

EXEMPLE

Voici la nomenclature complète des intervalles qui naissent de la formation de la gamme.

TABLEAU DES INTERVALLES
COMPRIS DANS L'ÉTENDUE D'UNE OCTAVE.

Intervalles de Seconde

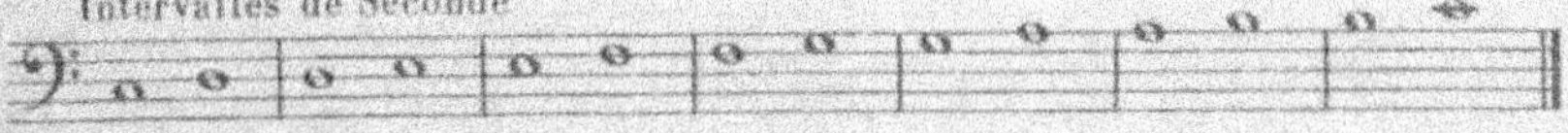

Tierce

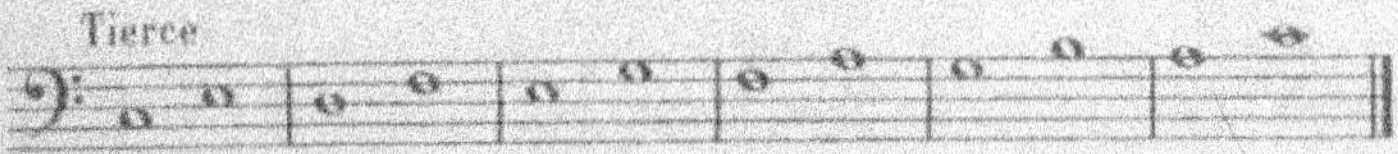

Quarte

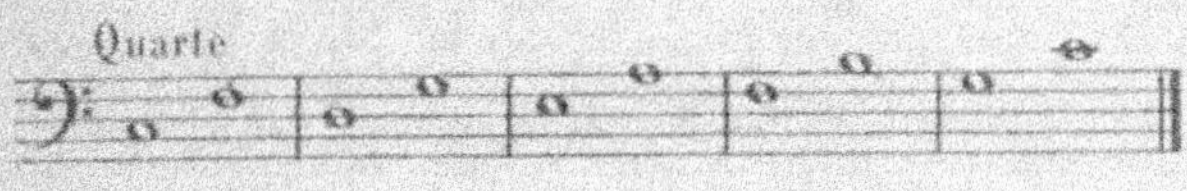

Quinte

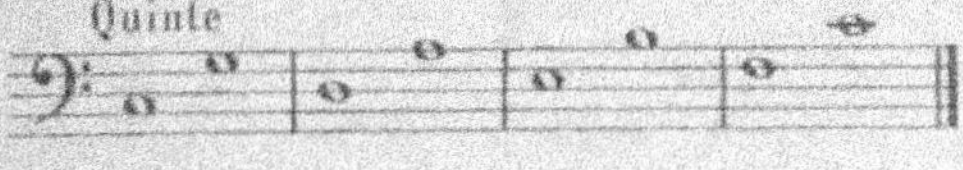

Sixte

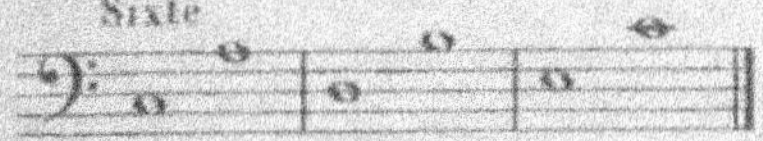

Septième

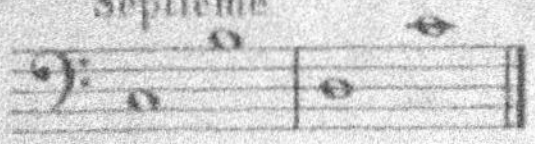

Octave

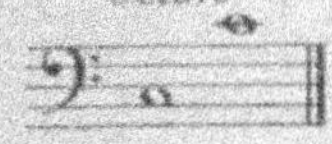

Tous ces intervalles sont dits simples, parcequ'ils ne dépassent pas l'étendue de l'octave. Ils sont composés et redoublés quand les deux termes de l'intervalle excèdent cette limite.

Intervalles composés ou redoublés.

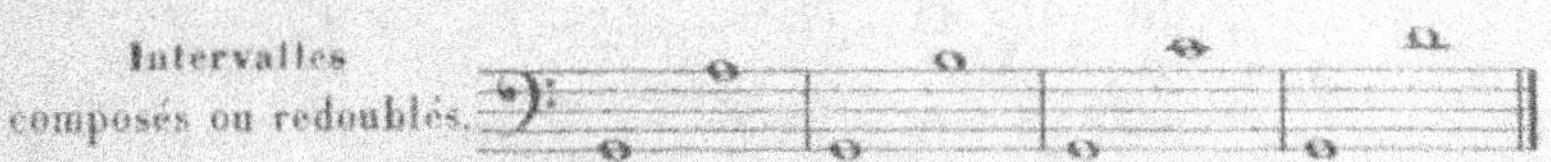

ÉTUDE DES INTERVALLES

RENFERMÉS DANS LA GAMME.

Comme on a pu le voir par le tableau précédent, la gamme renferme, dans l'étendue d'une octave, 7 secondes, 6 tierces, 5 quartes, 4 quintes, 3 sixtes, 2 septièmes et 1 octave.

Des intervalles de même nom, reproduits sur différents degrés, ne sont pas toujours égaux.

Pour ce qui est des intervalles de seconde, on trouve en effet que la distance qui existe du mi au fa, du si au do, est moindre que du do au ré, du ré au mi, du fa au sol, du sol au la, et du la au si. Tout en donnant indistinctement le nom de secondes à ces intervalles qui diffèrent entre eux, on voit la nécessité de les distinguer par une qualification particulière.

Il en sera de même pour tous les autres intervalles.

SECONDES MAJEURE ET MINEURE.

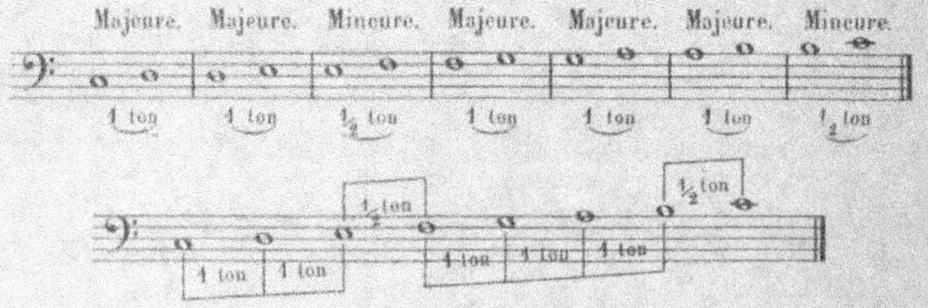

Les secondes composées d'un ton sont appelées secondes majeures.

Les secondes composées d'un demi-ton sont appelées secondes mineures.

INTERVALLES DE SECONDE.

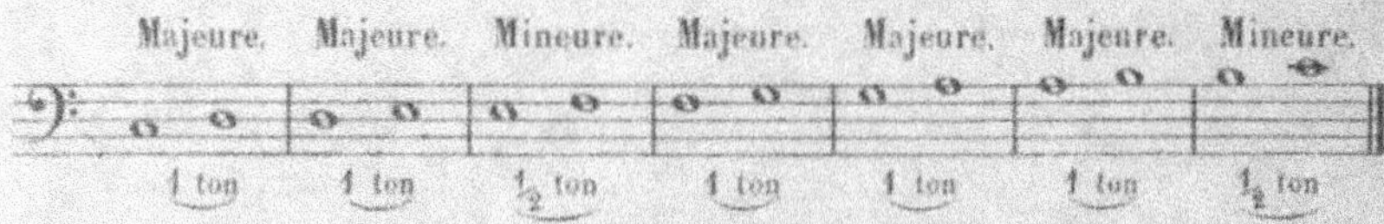

La gamme est donc composée principalement de tons au nombre de cinq,
d'où lui vient son nom de gamme diatonique, du grec (dia tonos, par ton). On n'y
trouve que deux demi-tons.

EXERCICES D'INTONATION
POUR LES INTERVALLES DE SECONDE.

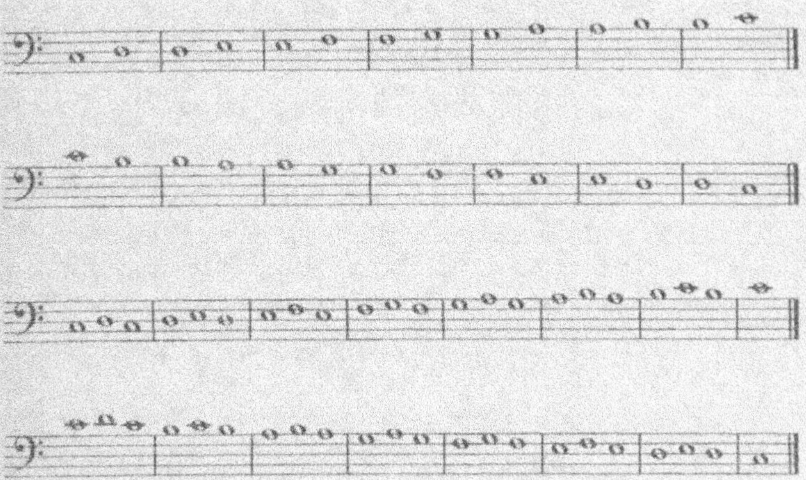

TIERCES MAJEURE ET MINEURE.

Les tierces composées de deux tons sont appelées tierces majeures.

Les tierces composées d'un ton et un demi-ton sont appelées tierces mineures.

INTERVALLES DE TIERCE.

Majeure	Mineure	Mineure	Majeure	Majeure	Mineure
2 tons.	1 ton et un demi-ton.	1 ton et un demi-ton.	2 tons.	2 tons.	1 ton et un demi-ton.

* Les barres verticales indiquent un repos.

EXERCICES D'INTONATION

POUR LES INTERVALLES DE TIERCE.

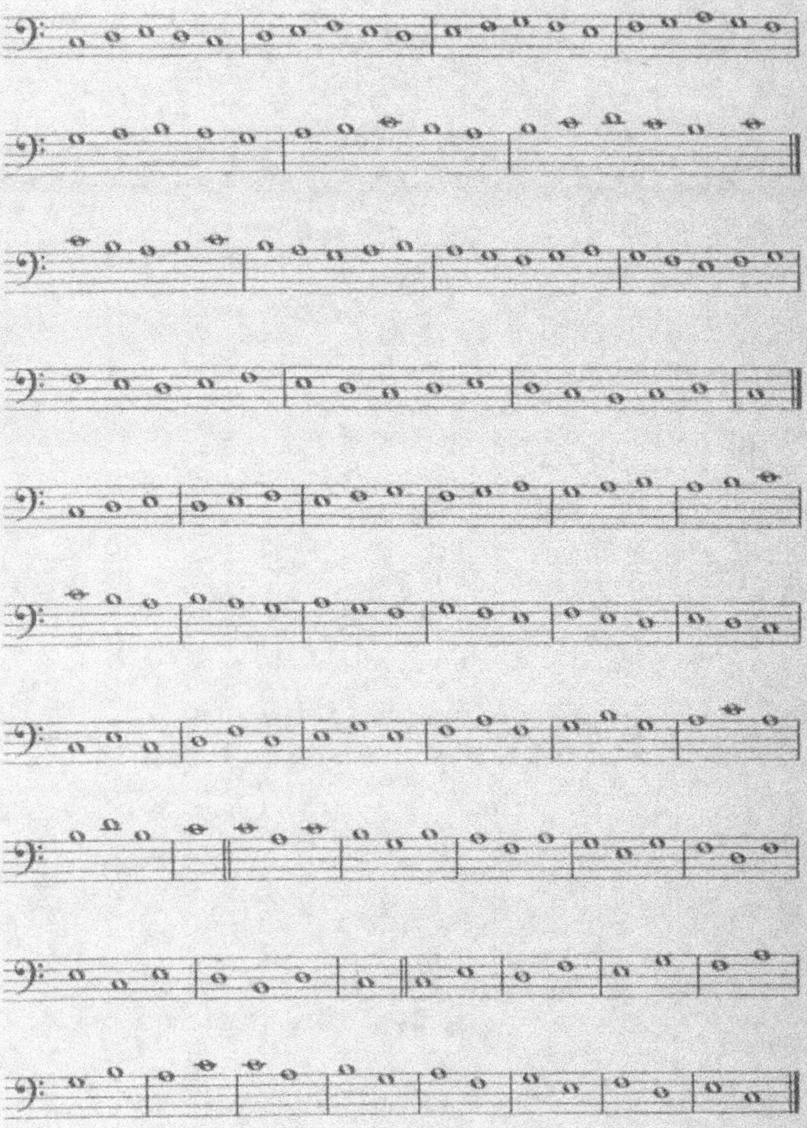

QUARTES JUSTES = QUARTE AUGMENTÉE.

Une quarte composée de deux tons et un demi-ton est qualifiée de quarte juste.
Elle est augmentée si elle renferme un demi-ton de plus, c'est-à-dire trois tons.

INTERVALLES DE QUARTE.

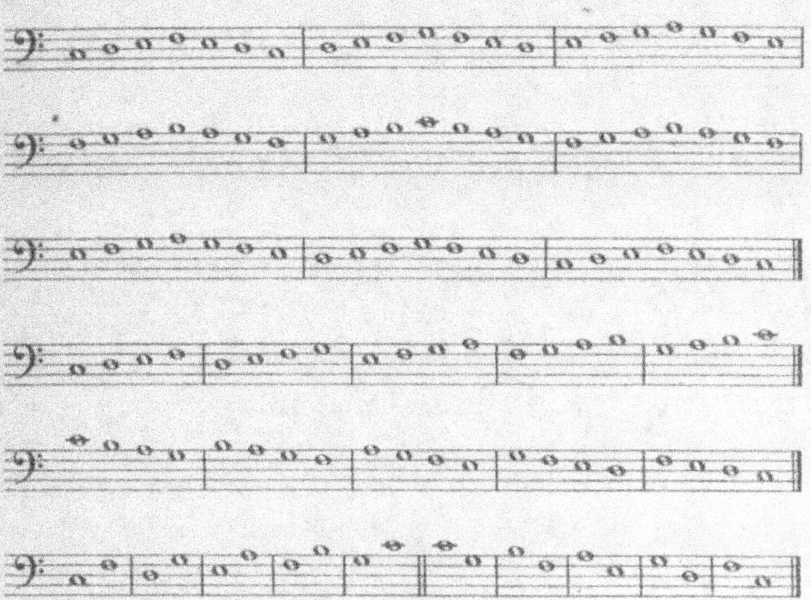

On voit que sur les cinq quartes renfermées dans l'espace d'une octave, quatre
sont justes, une est augmentée. Les trois tons dont cette dernière est formée lui ont
fait donner le nom d'intervalle de triton.

EXERCICES D'INTONATION
POUR LES INTERVALLES DE QUARTE.

* Nous engageons les élèves à surveiller l'intonation de la quarte augmentée, appelée intervalle de triton.

QUINTE JUSTE.

Une quinte, composée de trois tons et un demi-ton prend le nom de quinte juste.

INTERVALLES DE QUINTE.

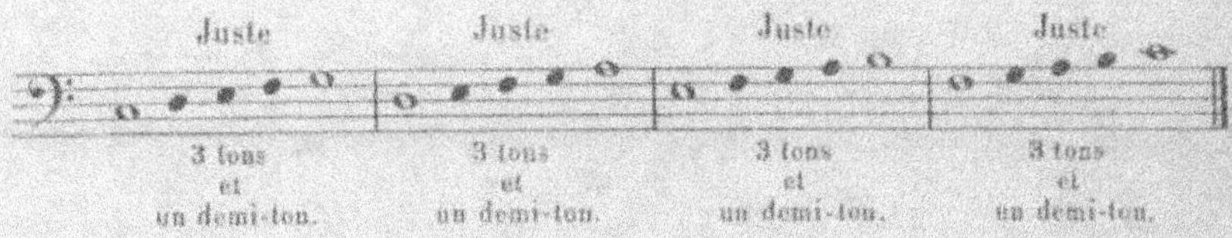

EXERCICES D'INTONATION

POUR LES INTERVALLES DE QUINTE.

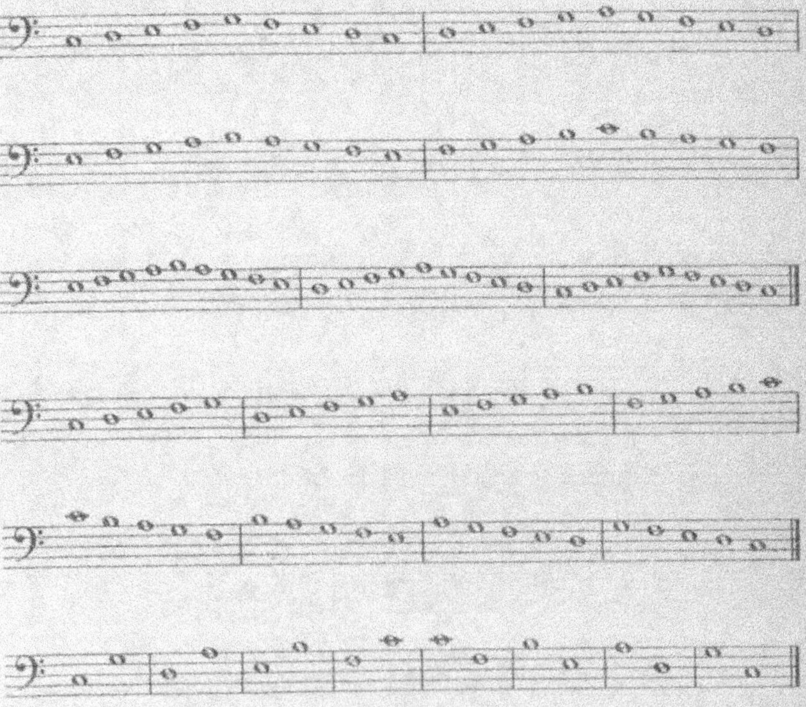

SIXTES MAJEURE ET MINEURE.

Une sixte composée de quatre tons et un demi-ton est appelée sixte majeure.

Une sixte qui renferme un demi-ton de moins, c'est-à-dire trois tons et deux demi-tons, est appelée sixte mineure.

INTERVALLES DE SIXTE.

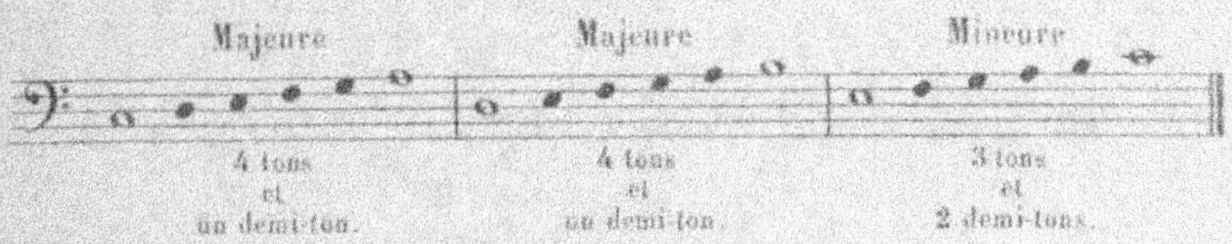

EXERCICES D'INTONATION

POUR LES INTERVALLES DE SIXTE.

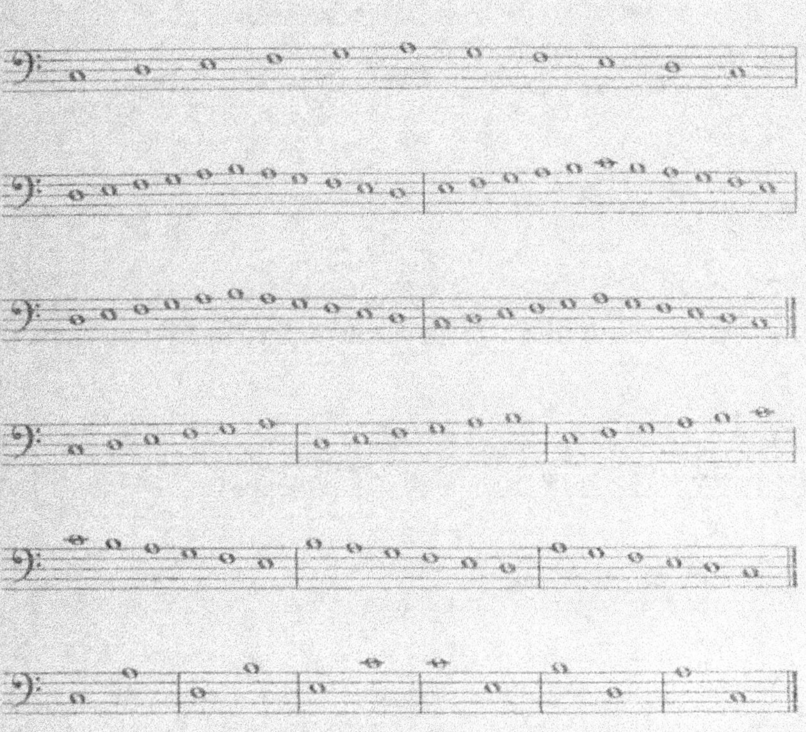

SEPTIÈMES MAJEURE ET MINEURE.

Une septième composée de cinq tons et un demi-ton est appelée septième majeure.

Une septième qui renferme un demi-ton de moins, soit quatre tons et deux demi-tons, est appelée septième mineure.

INTERVALLES DE SEPTIÈME.

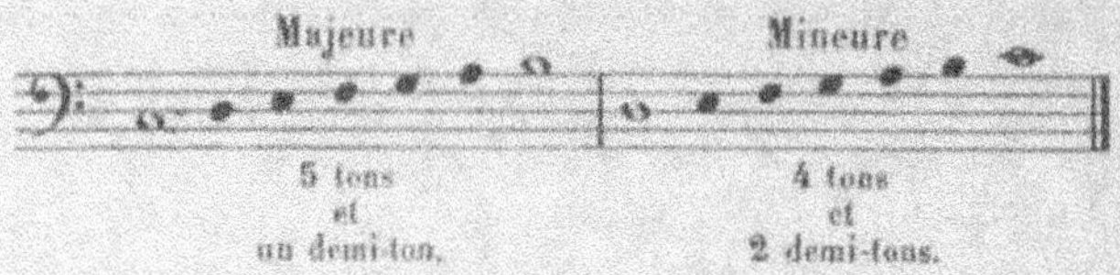

EXERCICES D'INTONATION

POUR LES INTERVALLES DE SEPTIÈME.

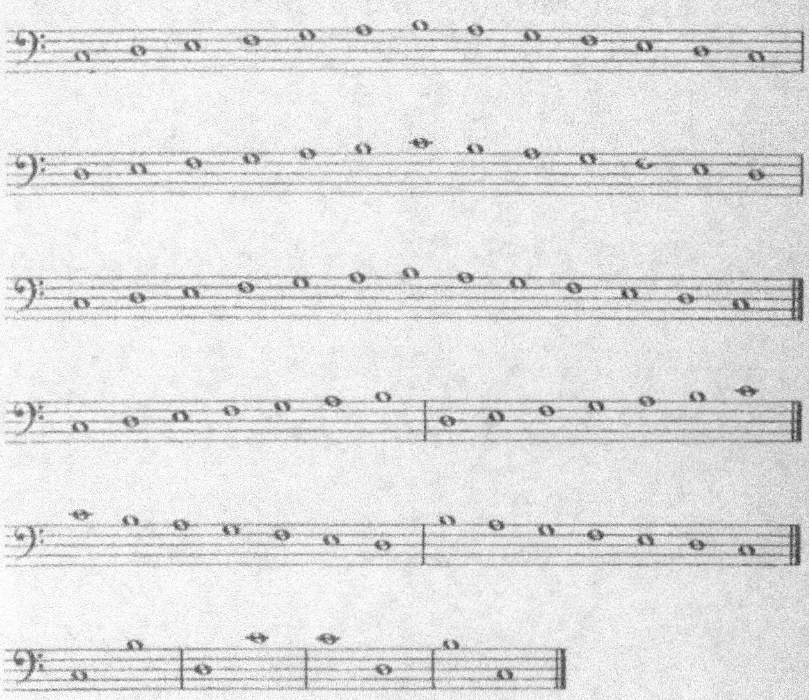

OCTAVE JUSTE.

L'octave juste comprend cinq tons et deux demi-tons.
C'est l'étendue naturelle de la gamme.

INTERVALLE D'OCTAVE.

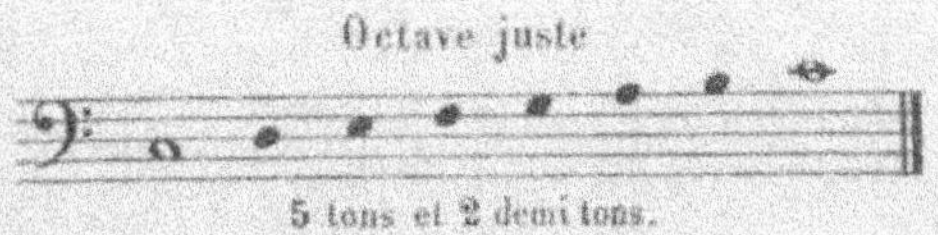

EXERCICES D'INTONATION

POUR LES INTERVALLES D'OCTAVE.

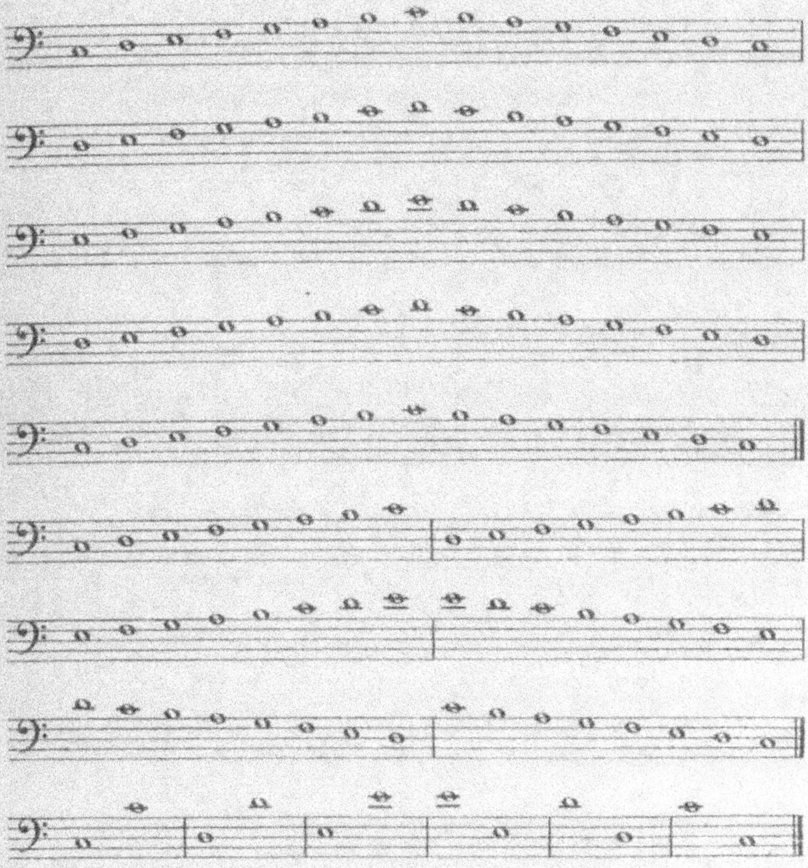

Nous savons maintenant que les intervalles ont diverses qualifications, telles que: majeur, mineur, juste et augmentée.

Il en est d'autres qui sont appelés intervalles diminués.

L'analyse qui vient d'être faite, n'ayant rapport qu'aux intervalles contenus dans la gamme naturelle, nous donnerons plus tard la nomenclature complète de tous les intervalles musicaux.

Cependant nous pouvons dès à présent établir les règles suivantes:

Un intervalle mineur renferme un demi-ton de moins que l'intervalle majeur de même nom.

Un intervalle diminué contient un demi-ton de moins que l'intervalle mineur.

Un intervalle augmenté, un demi-ton de plus que l'intervalle majeur.

Un intervalle juste devient augmenté avec un demi-ton en plus; il est diminué avec un demi-ton en moins.

RENVERSEMENT DES INTERVALLES.

On renverse un intervalle en portant sa note grave à l'octave supérieure, où sa note aiguë à l'octave inférieure.

Par cette opération, l'octave devient unisson; la septième, seconde; la sixte, tierce; la quinte, quarte; la quarte, quinte; la tierce, sixte; la seconde, septième; l'unisson, octave.

EXEMPLE.

Octave. Septième. Sixte. Quinte. Quarte. Tierce. Seconde. Unisson.

Unisson. Seconde. Tierce. Quarte. Quinte. Sixte. Septième. Octave.

Un intervalle majeur renversé produit un intervalle mineur.

Un intervalle mineur renversé produit un intervalle majeur.

Un intervalle augmenté renversé produit un intervalle diminué.

Un intervalle diminué renversé produit un intervalle augmenté.

Un intervalle juste renversé produit un intervalle juste.

RÉSUMÉ DES INTERVALLES.

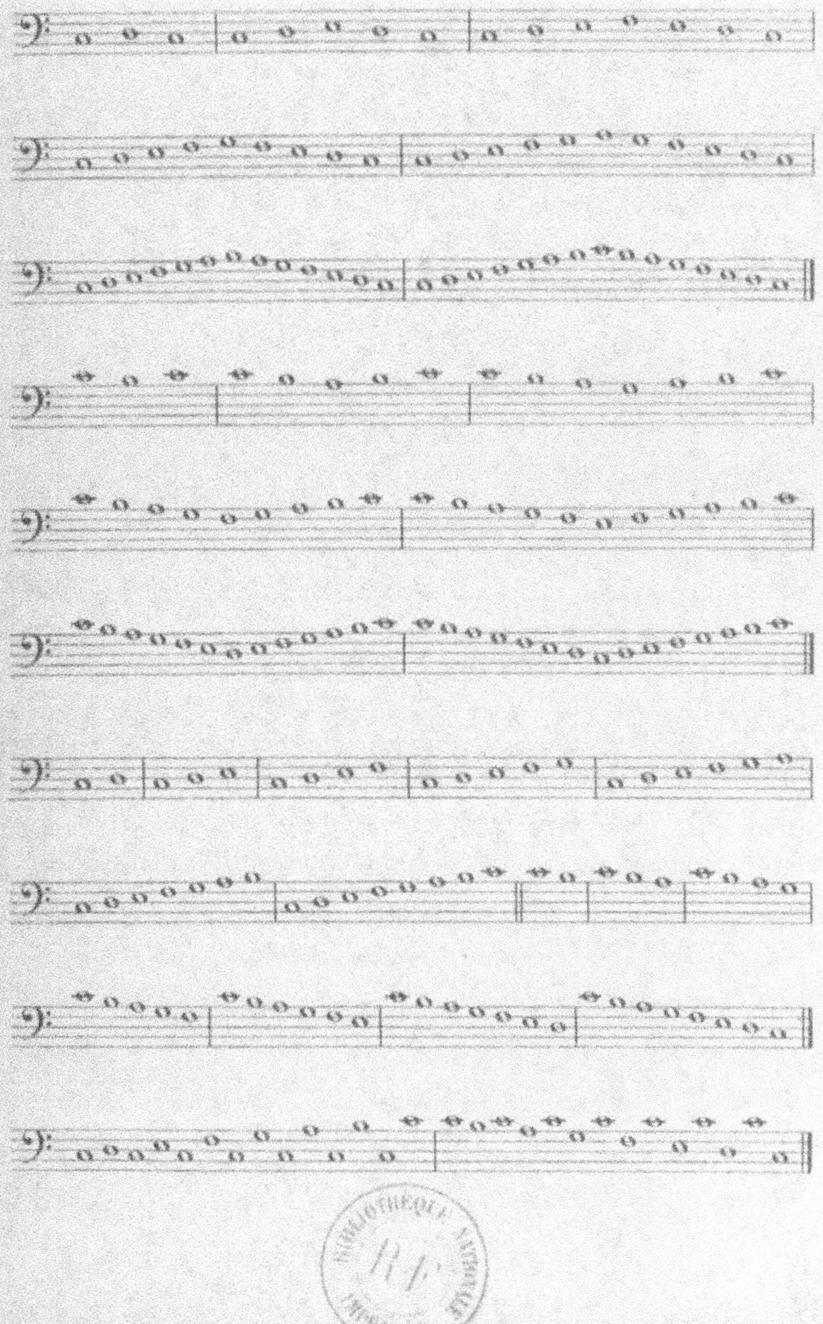

ACCORD PARFAIT.

Si la gamme diatonique est la source des combinaisons mélodiques, on peut dire que l'accord parfait est la base des combinaisons harmoniques.

L'accord parfait se compose de la réunion des 1er, 3e et 5e degrés de la gamme, entendus simultanément ou successivement.

Dans ces deux cas, la forme seule de l'accord est changée.

ACCORD PARFAIT.

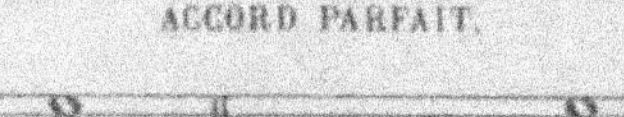

Comme pour la gamme, on n'obtient un repos absolu, qu'en répétant la note grave à l'octave supérieure.

Ainsi construit, l'accord parfait forme un tout complet, produisant sur le sens de l'ouïe un effet agréable, d'où lui vient son nom.

Le choix des sons qui constituent l'accord parfait n'est pas de pure convention; la nature elle-même nous en offre le modèle.

Un corps sonore mis en vibration, fait entendre d'abord un son principal ou prédominant qui, en forme d'écho, donne naissance à d'autres sons plus aigus et moins appréciables. Ces faibles sons qui se confondent avec le premier, sont appelés sons harmoniques. Or, en supposant que le son principal soit *do*, le premier son harmonique sera à la 12e juste et le second à la 17e majeure du son principal.

EXEMPLE.

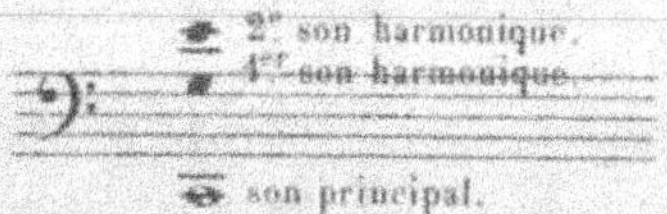

Si nous rapprochons ces intervalles, nous obtenons la formule qui constitue l'accord parfait.

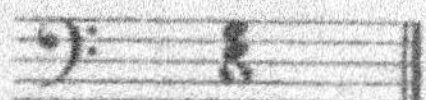

Pour nous conformer à l'usage, nous avons commencé l'étude de la musique par la gamme et les intervalles qui la composent. Cette marche est peut-être la plus logique au point de vue de l'intonation; mais, au point de vue théorique, on devrait s'occuper avant tout de l'accord parfait. Il est la première ébauche de la gamme, ou si l'on veut, une gamme incomplète privée seulement des sons intermédiaires.

EXEMPLE.

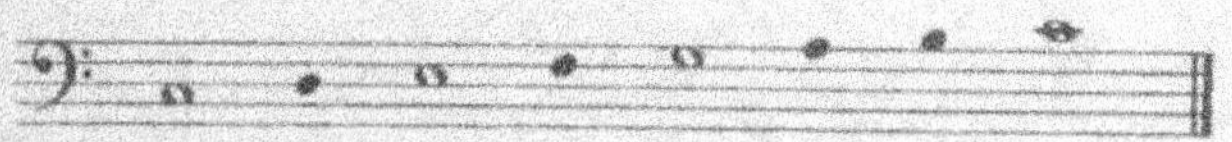

TONIQUE, MÉDIANTE, DOMINANTE, SENSIBLE.

En raison du rôle important que jouent les sons de l'accord parfait dans la construction de la gamme, on leur donne différents noms caractéristiques.

Le premier son de la gamme prend le nom de tonique; le troisième prend celui de médiante; le cinquième s'appelle dominante. Le huitième son qui n'est que la reproduction du premier est également appelé tonique.

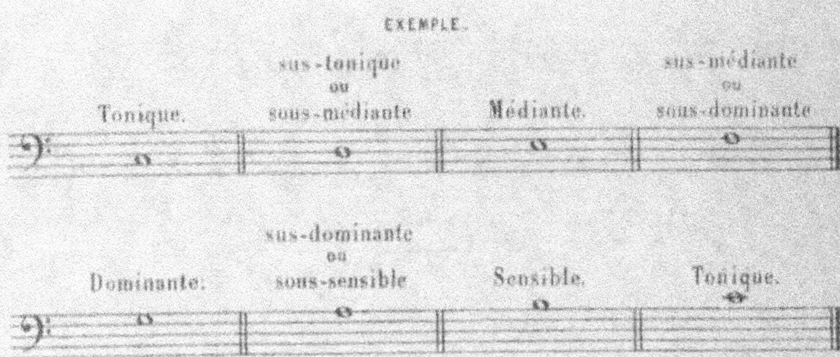

La tonique est le point de départ de la gamme ou du ton*.

La médiante doit son nom à la position qu'elle occupe entre la tonique et la dominante, (du latin, medians ou medianus, qui est au milieu, intermédiaire).

La qualification de dominante indique assez le rôle rempli par le 5.ᵉ degré de la gamme; il en est le point central, pour ainsi dire le pivot; son importance est presque égale à celle de la tonique.

Un autre son, n'entrant pas dans la constitution de l'accord parfait, a reçu aussi une dénomination particulière. C'est le 7.ᵉ degré appelé sensible. Il est ainsi nommé à cause de sa tendance prononcée à se porter vers la tonique; en effet, le 7.ᵉ degré fait presque toujours pressentir le huitième.

Les autres degrés de la gamme pourront à leur tour recevoir des noms nouveaux qu'ils devront à leur situation relativement à la tonique, à la médiante, à la dominante et à la sensible.

* Le mot ton, pris dans cette nouvelle acception, est ici synonyme de gamme.

EXERCICES D'INTONATION

SUR L'ACCORD PARFAIT.

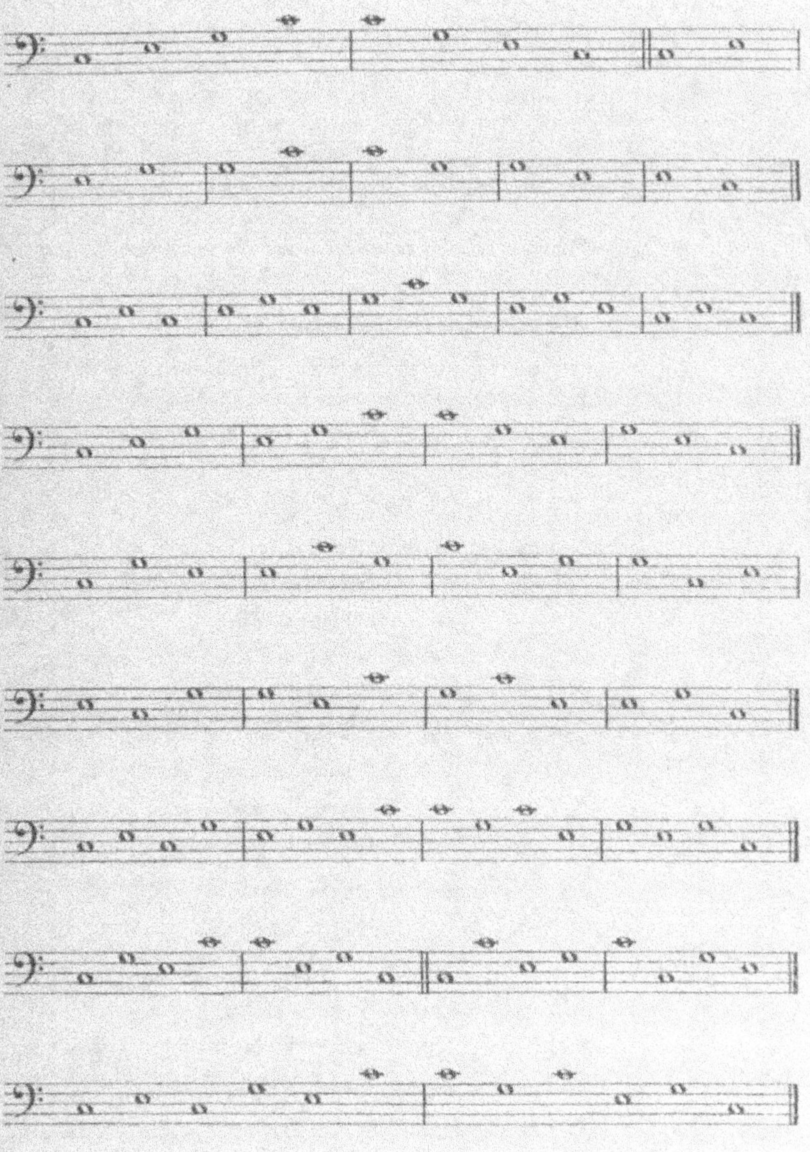

FIGURES DE NOTES.

Il ne suffit pas de connaître les signes qui représentent les sons; il faut encore pouvoir en mesurer la durée.

On exprime la durée des sons en donnant aux notes diverses formes appelées figures de notes.

Elles sont au nombre de sept:

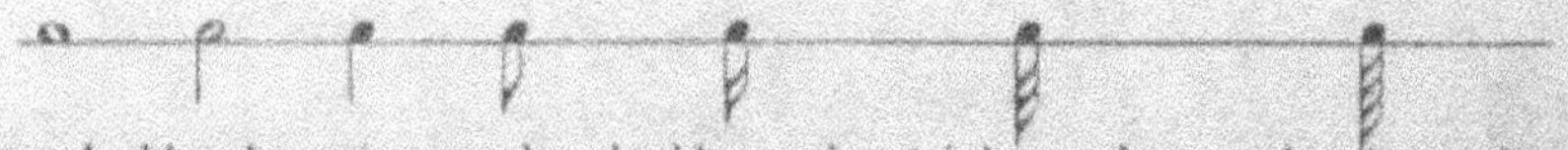

ronde, blanche, noire, croche, double croche, triple croche, quadruple croche.

En prenant la ronde comme unité de durée, ces différentes valeurs ont entre elles les rapports suivants:

La ronde vaut 2 blanches
ou 4 noires
ou 8 croches
ou 16 doubles croches
ou 32 triples croches
ou 64 quadruples croches.

La blanche vaut 2 noires
ou 4 croches
ou 8 doubles croches
ou 16 triples croches
ou 32 quadruples croches.

La noire vaut 2 croches
ou 4 doubles croches
ou 8 triples croches
ou 16 quadruples croches.

La croche vaut 2 doubles croches
ou 4 triples croches
ou 8 quadruples croches.

La double croche vaut 2 triples croches
ou 4 quadruples croches.

La triple croche vaut 2 quadruples croches.

Dans l'ordre indiqué ci-dessus, chacune de ces valeurs est la moitié de celle qui la précède, et le double de celle qui la suit.

TABLEAU DE LA VALEUR COMPARATIVE DES NOTES.

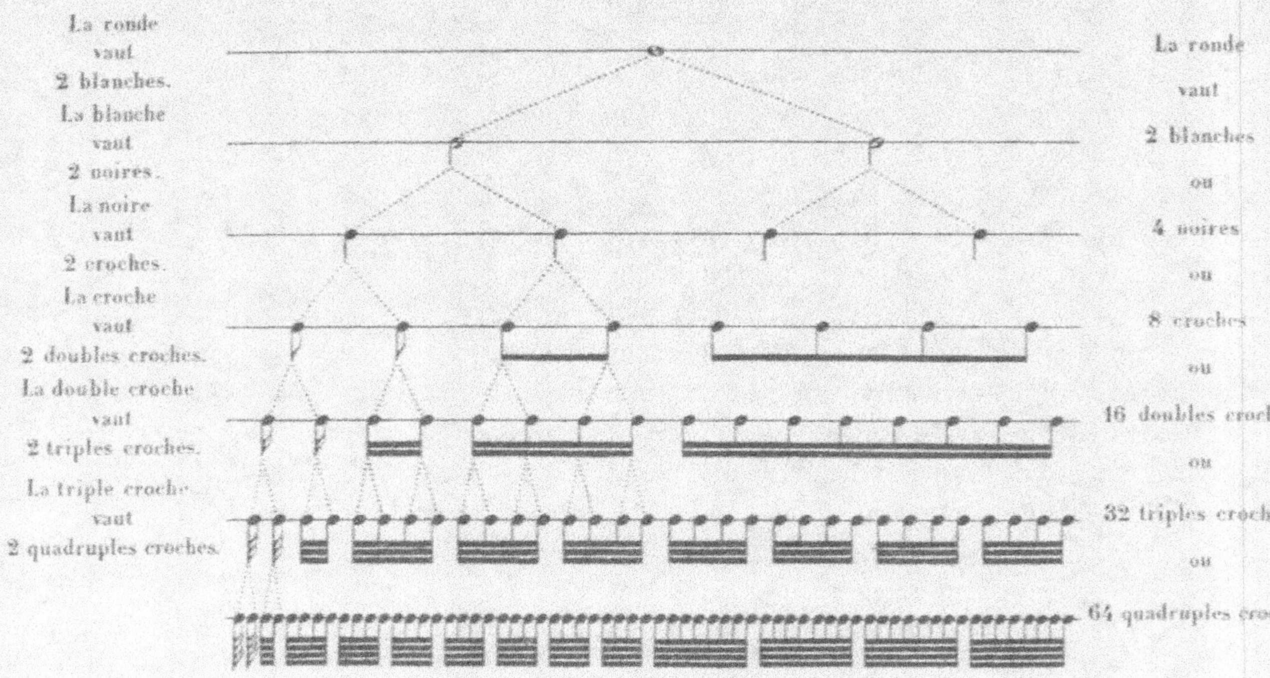

DE LA MESURE.

La mesure est la division d'une phrase musicale en courtes parties d'égale durée.

On figure cette division par une barre verticale qui traverse la portée.

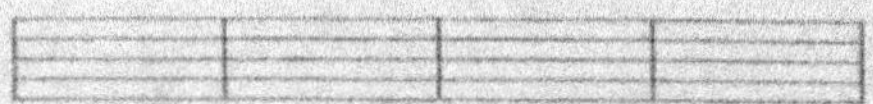

L'espace compris entre deux barres se nomme une mesure; elle peut être elle-même divisée en deux, trois ou quatre parties appelées temps. De là, la distinction de trois sortes de mesures: à 2 temps, à 3 temps et à 4 temps. On les désigne par des signes ou des chiffres que l'on place après la clef.

L'accentuation énergique du premier temps revenant à des intervalles égaux, permet à l'oreille de discerner la mesure; elle lui sert, pour ainsi dire de jalon, de point de repère. Pour cette raison, on l'appelle temps fort.

Dans la mesure à 2 temps le premier est fort, le deuxième est faible.

Dans la mesure à 3 temps le premier est fort, les deux autres sont faibles.

Dans la mesure à 4 temps le premier et le troisième sont forts, le deuxième et le quatrième sont faibles.

Battre la mesure, c'est marquer les temps par des mouvements réguliers de la main.

DU RYTHME.

Le rythme présente une grande analogie avec la mesure, mais il n'est pas la mesure.

Le retour périodique de certaines combinaisons de durée, à des intervalles plus ou moins rapprochés, constitue le rythme. Il peut être défini: La symétrie dans la durée des sons. Plus les retours symétriques sont fréquents, plus le rythme est saisissable.

Il joue en musique un rôle très important, puisque par lui-même, sans le secours des sons, il affecte déjà agréablement l'oreille la moins exercée.

Il n'est pas donné à tout le monde de sentir et d'aimer la musique, mais nous sommes tous sensible au rythme. En effet, des hommes n'ayant aucune aptitude musicale, marcheront cependant avec ensemble, si le bruit cadencé du tambour règle leurs pas.

MESURE À DEUX TEMPS.

La mesure à 2 temps s'indique par $\frac{2}{4}$.

On la bat ainsi:
2 temps faible.
1 temps fort.

Elle renferme une blanche ou deux noires ou des valeurs équivalentes.

EXERCICES DE RYTHME.

1. La blanche vaut 2 temps.

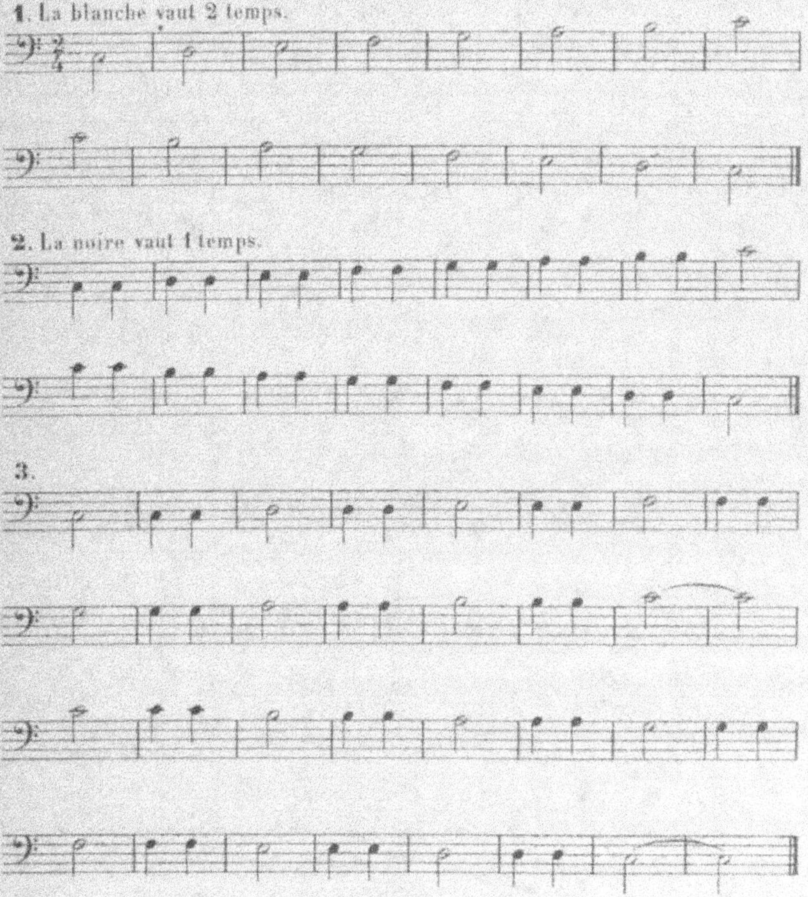

2. La noire vaut 1 temps.

3.

*Quand deux notes de même nom sont unies par une liaison, la deuxième ne doit pas être articulée, elle n'est que la prolongation de la première.

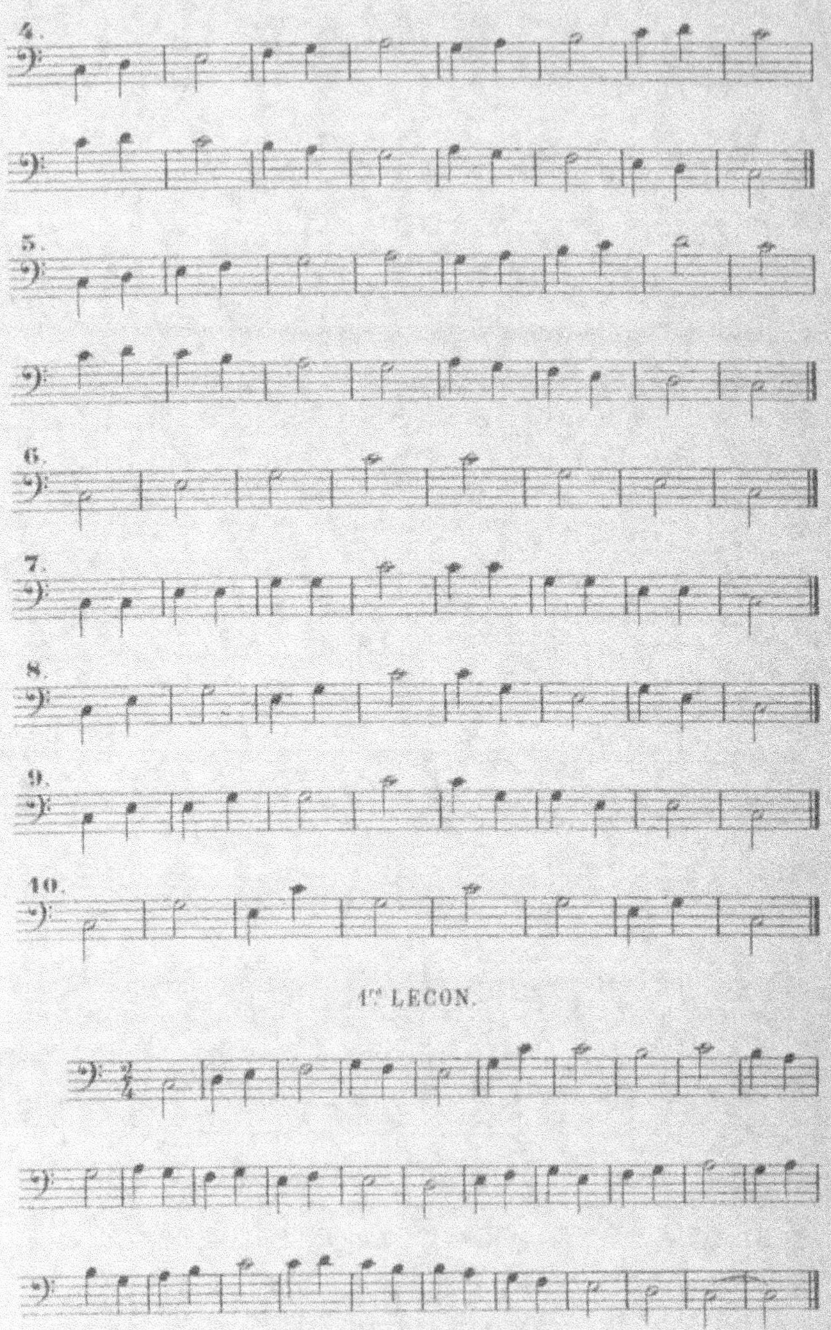
4.
5.
6.
7.
8.
9.
10.
1re LEÇON.

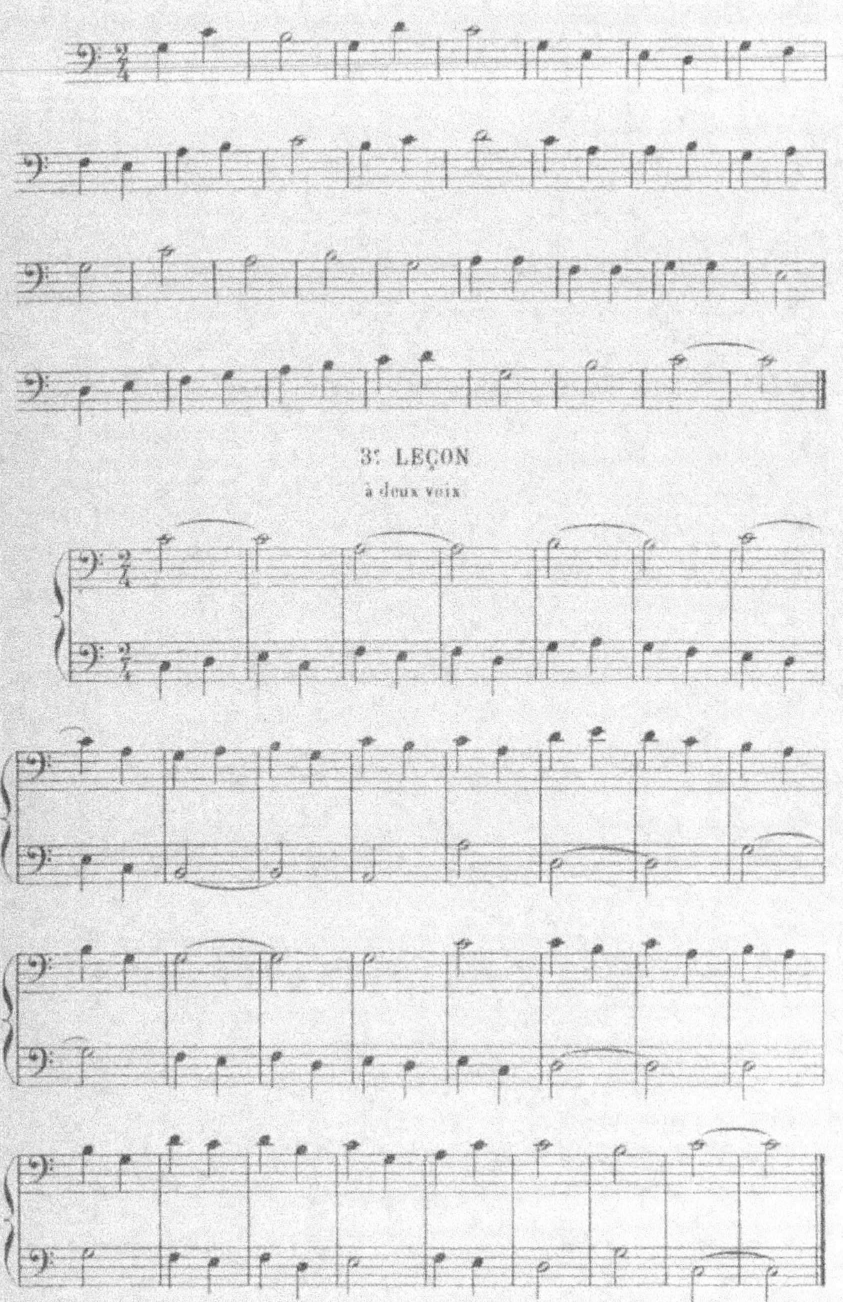
2.ᵉ LEÇON
3.ᵉ LEÇON
à deux voix

MESURE À TROIS TEMPS.

La mesure à trois temps s'indique par 3 ou $\frac{3}{4}$.

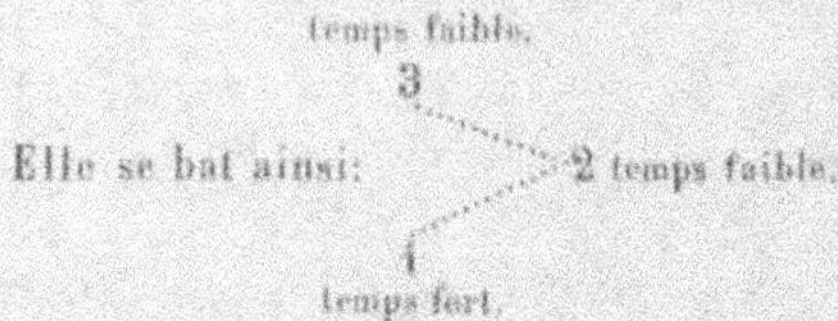

Elle se bat ainsi:

Elle renferme une blanche pointée ou des valeurs équivalentes.

Un point placé après une note augmente cette note de moitié de sa valeur.

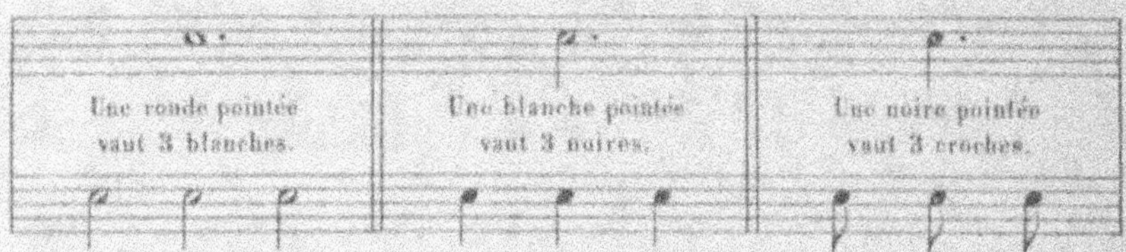

Quand deux points sont placés après une note, le second point vaut la moitié du premier.

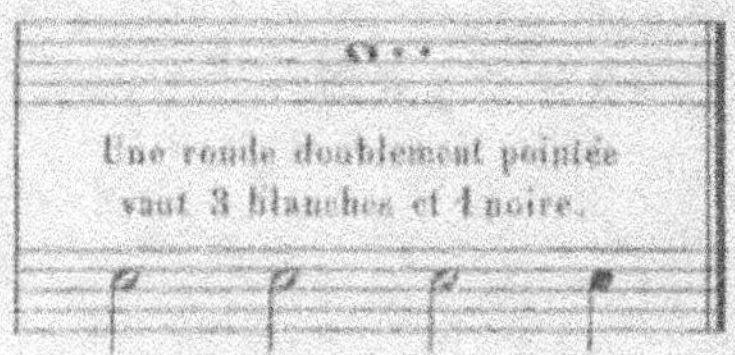

EXERCICES DE RYTHME.

11. La blanche pointée vaut 3 temps.

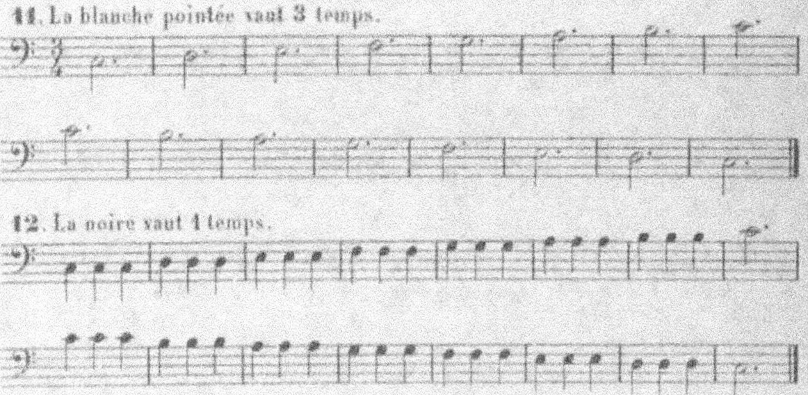

12. La noire vaut 1 temps.

13. La blanche vaut 2 temps.

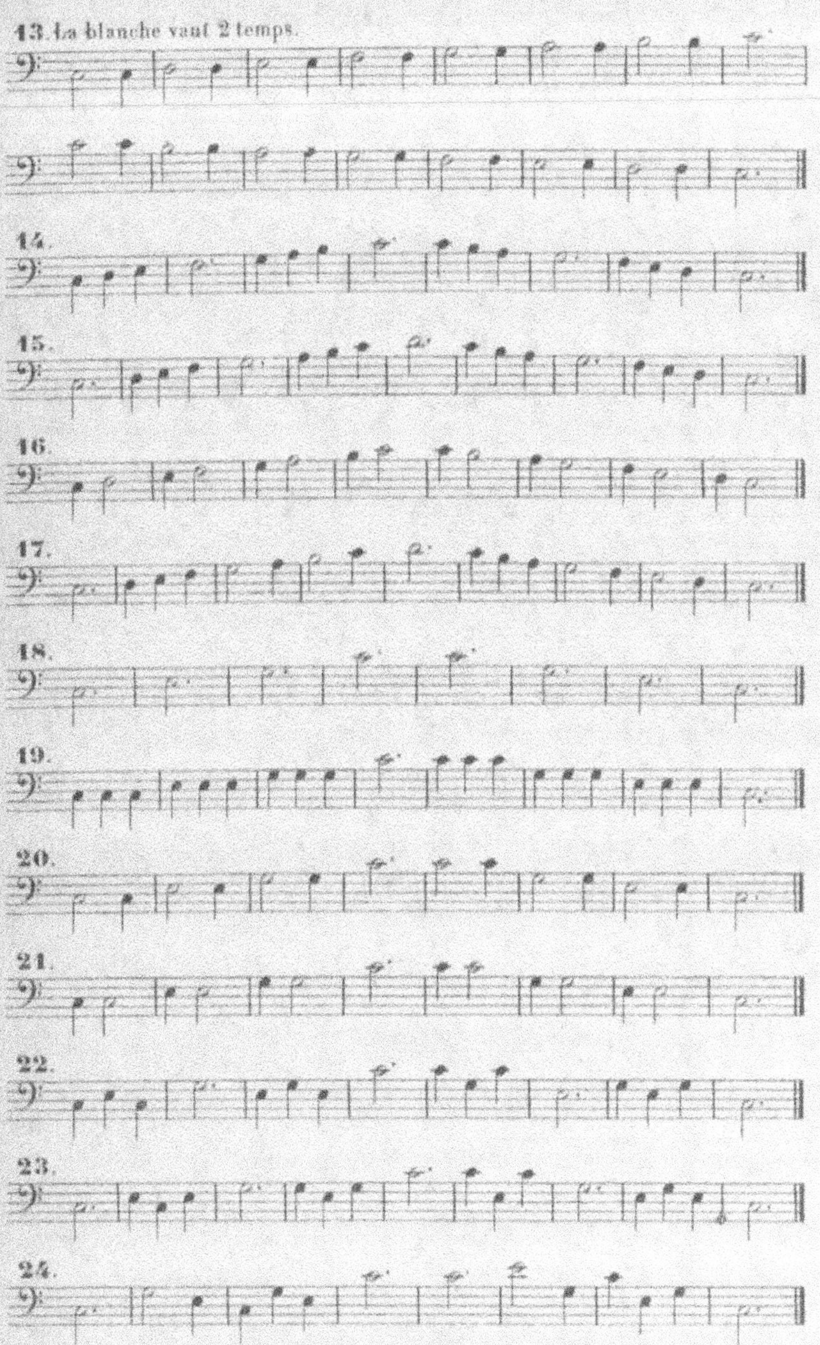

14.

15.

16.

17.

18.

19.

20.

21.

22.

23.

24.

4ᵉ LEÇON.

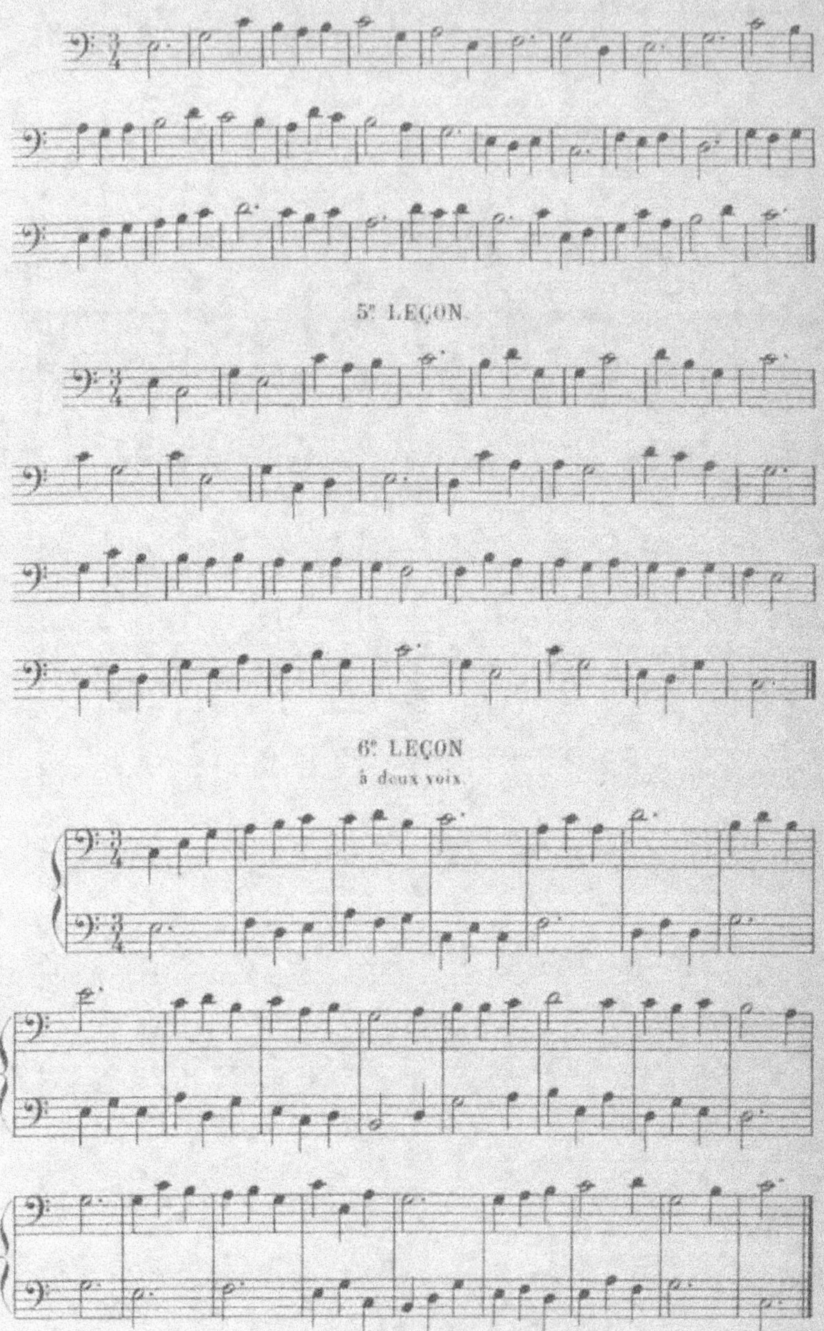

5ᵉ LEÇON.

6ᵉ LEÇON
à deux voix.

MESURE À QUATRE TEMPS.

La mesure à quatre temps s'indique par 4 ou **C**.

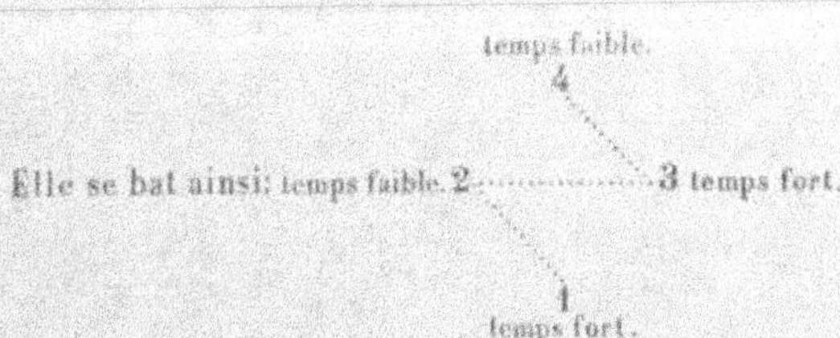

Elle renferme une ronde ou deux blanches ou quatre noires, ou des valeurs équivalentes.

EXERCICES DE RYTHME.

25. La ronde vaut 4 temps.

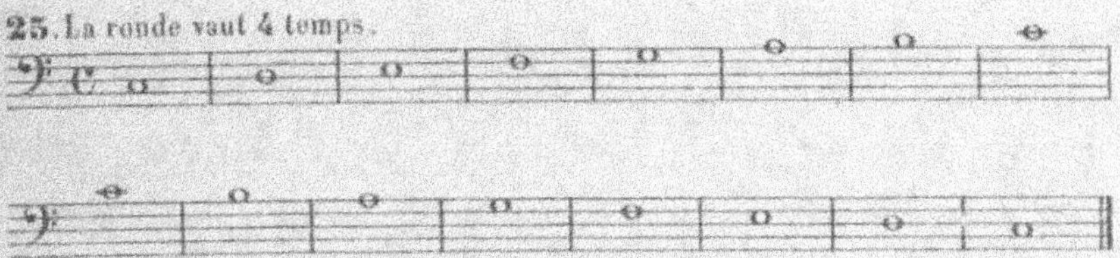

26. La blanche pointée vaut 3 temps.

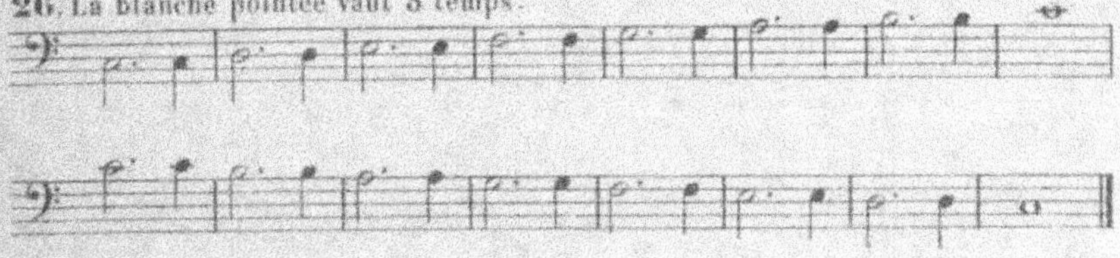

27. La blanche vaut 2 temps.

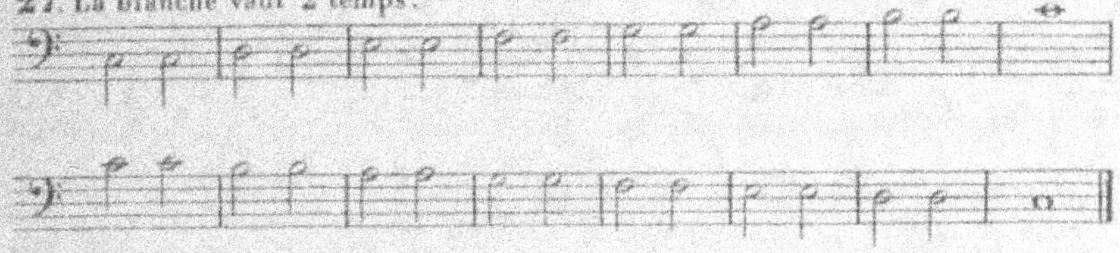

28. La noire vaut 1 temps.

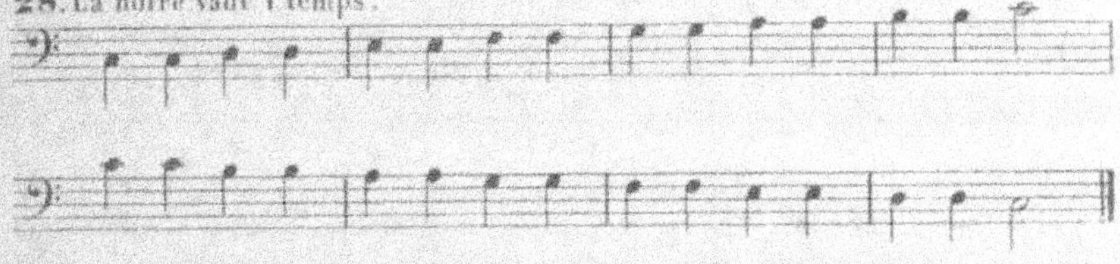

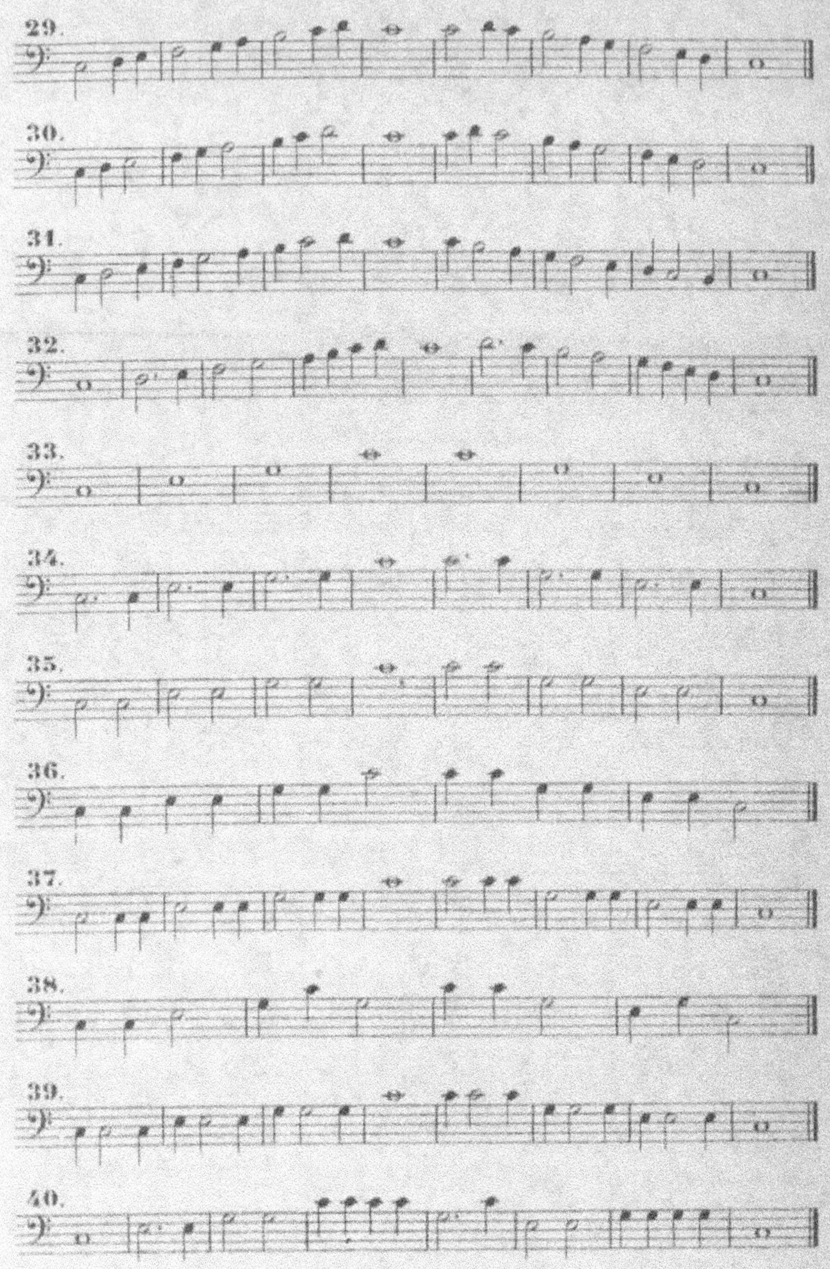

* On nomme syncope, une note qui commence sur un temps faible et se prolonge sur un temps fort. La note syncopée doit être plus accentuée que les autres.

7ᵉ LEÇON.

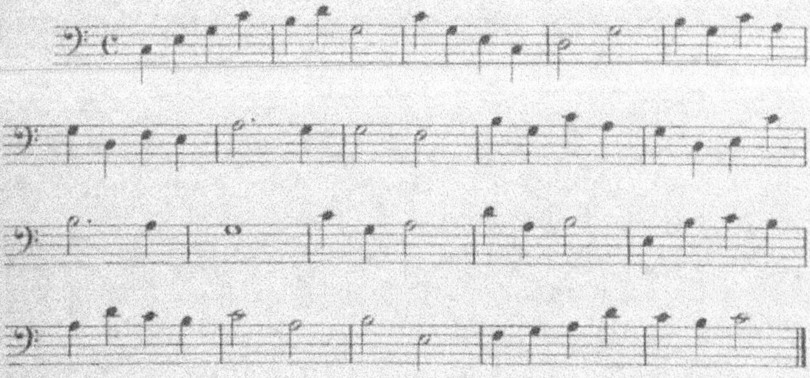

8ᵉ LEÇON.

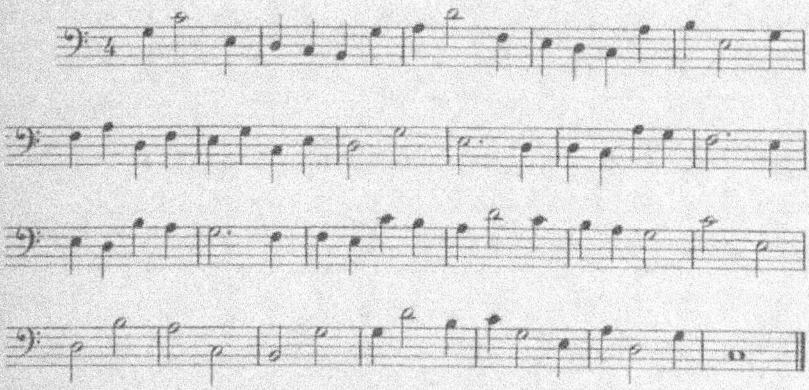

9ᵉ LEÇON
à deux voix.

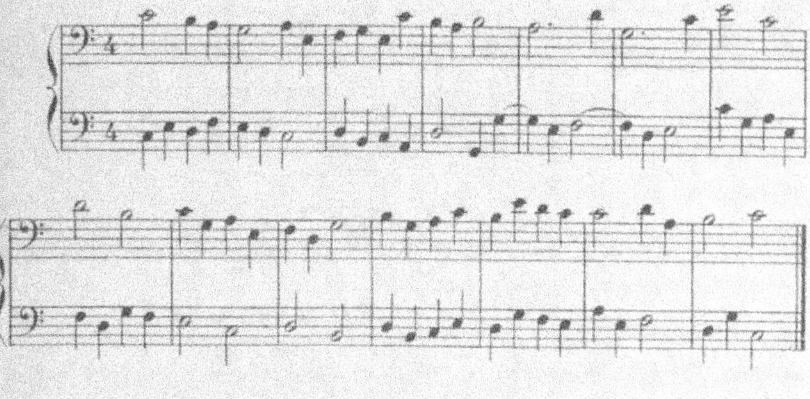

DES SILENCES.

Les sons ne se succèdent pas toujours sans interruption.

Pour éviter la monotonie, varier les effets, et aussi pour permettre aux exécutants de reprendre haleine, on a introduit dans la musique des repos de durées différentes, qu'on désigne sous le nom de silences.

Les règles de proportion étant les mêmes pour les silences que pour les notes, on les représente par des signes de valeur correspondante. De même qu'il y a sept figures de notes, on a imaginé sept figures de silence.

pause, demi pause, soupir, demi-soupir, quart de soupir, 8ᵉ de soupir, 16ᵉ de soupir.

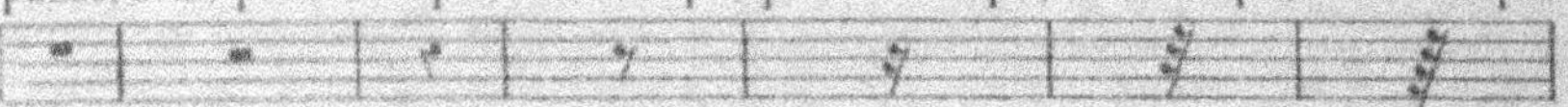

Bien que la pause soit prise comme unité de durée des silences, sa valeur est variable. Elle vaut deux temps dans la mesure à 2 temps, trois temps dans la mesure à 3 temps, et quatre temps dans la mesure à 4 temps; en un mot, la pause indique toujours un repos d'une mesure entière quelle qu'elle soit. Cette réserve étant faite, nous pouvons établir entre les silences les rapports suivants.

La pause vaut 2 demi-pauses
ou 4 soupirs
ou 8 demi-soupirs
ou 16 quarts de soupir
ou 32 huitièmes de soupir
ou 64 seizièmes de soupir.

La demi-pause vaut 2 soupirs
ou 4 demi-soupirs
ou 8 quarts de soupir
ou 16 huitièmes de soupir
ou 32 seizièmes de soupir.

Le soupir vaut 2 demi-soupirs
ou 4 quarts de soupir
ou 8 huitièmes de soupir
ou 16 seizièmes de soupir.

Le demi-soupir vaut 2 quarts de soupir
ou 4 huitièmes de soupir
ou 8 seizièmes de soupir.

Le quart de soupir vaut 2 huitièmes de soupir
ou 4 seizièmes de soupir.

Le huitième de soupir vaut 2 seizièmes de soupir.

VALEUR COMPARATIVE DES NOTES

ET DES SILENCES.

Pause. Demi-pause. Soupir. Demi-soupir. Quart de soupir. 8ᵉ de soupir. 16ᵉ de soupir.

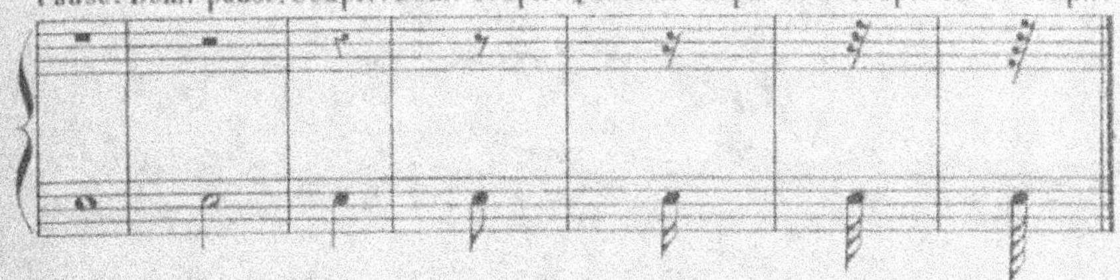

Un repos peut être de deux, trois, quatre mesures et plus. On en désigne le nombre par des bâtons de deux pauses et de quatre pauses.

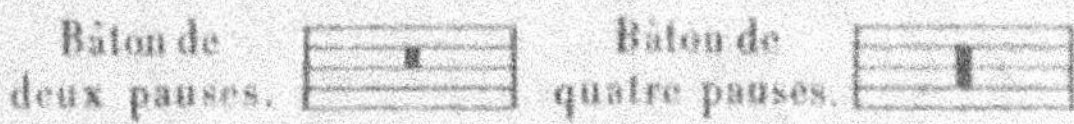

Ces deux nouveaux signes employés avec la pause, peuvent déjà exprimer un assez grand nombre de mesures à compter, comme on va le voir dans l'exemple suivant.

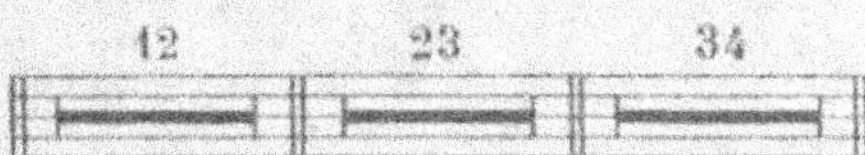

Si le repos est encore plus prolongé, on l'indique plus simplement par une barre placée horizontalement sur la portée et surmontée du chiffre marquant le nombre de pauses à compter.

On verra par la suite qu'on peut appliquer le point d'augmentation aux silences comme aux notes.

EXERCICES DE RYTHME.

41.

42.

43.

44.

45.

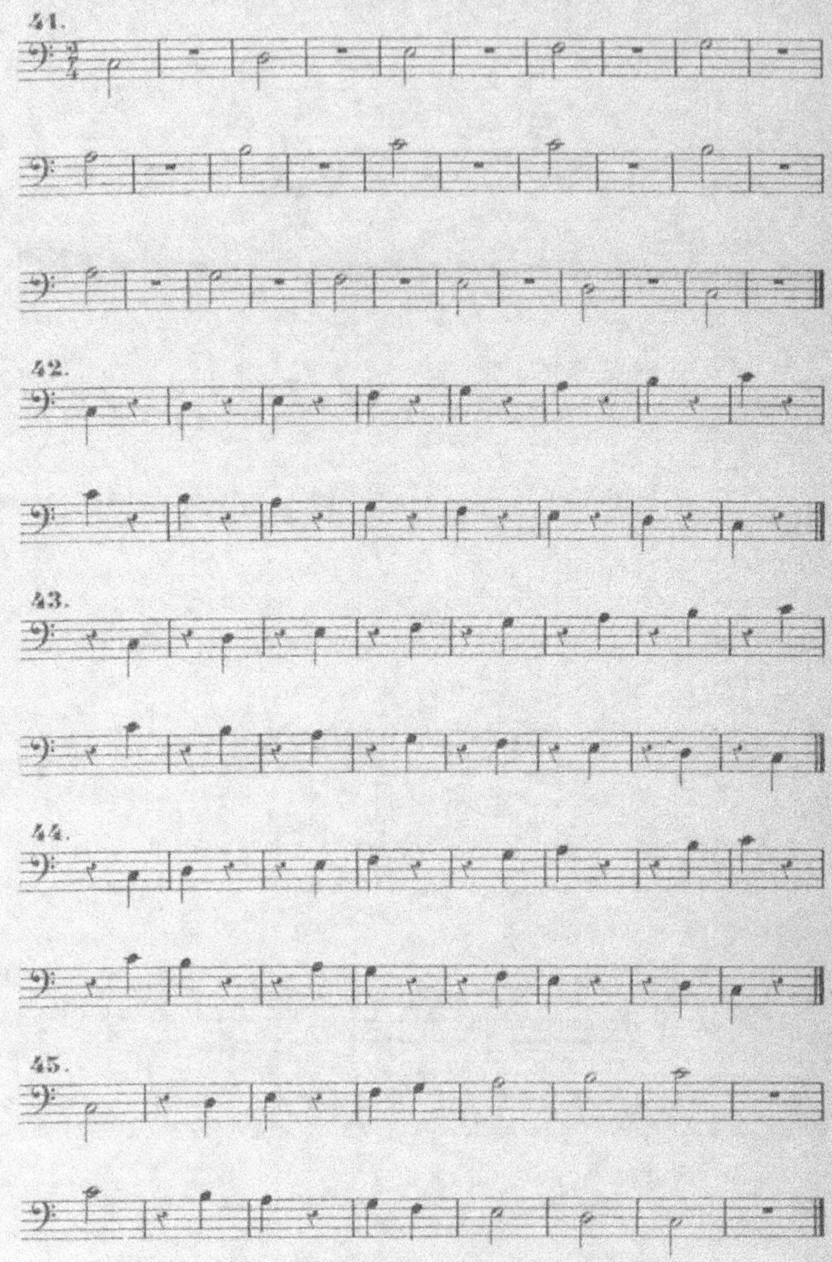

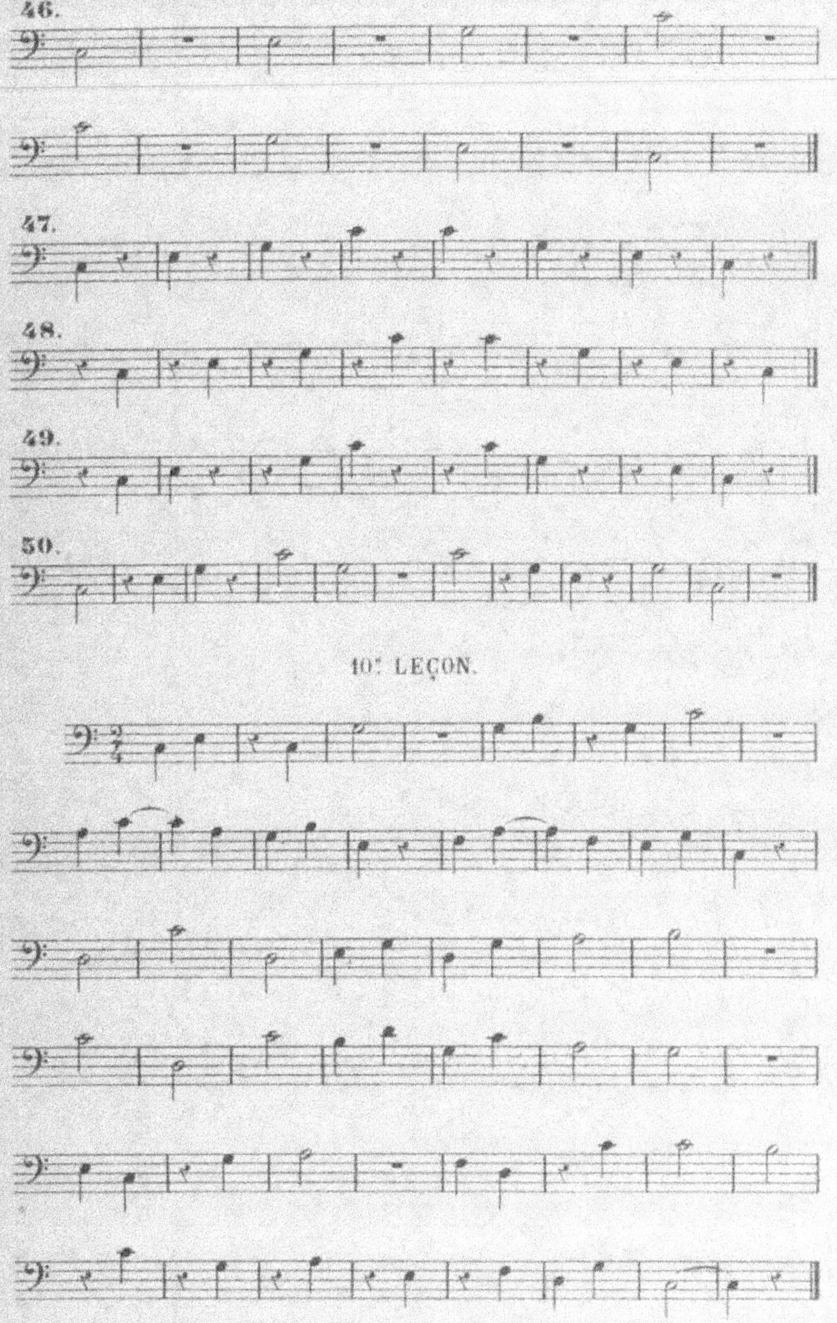
46.
47.
48.
49.
50.
10.e LEÇON.

11ᵉ LEÇON.

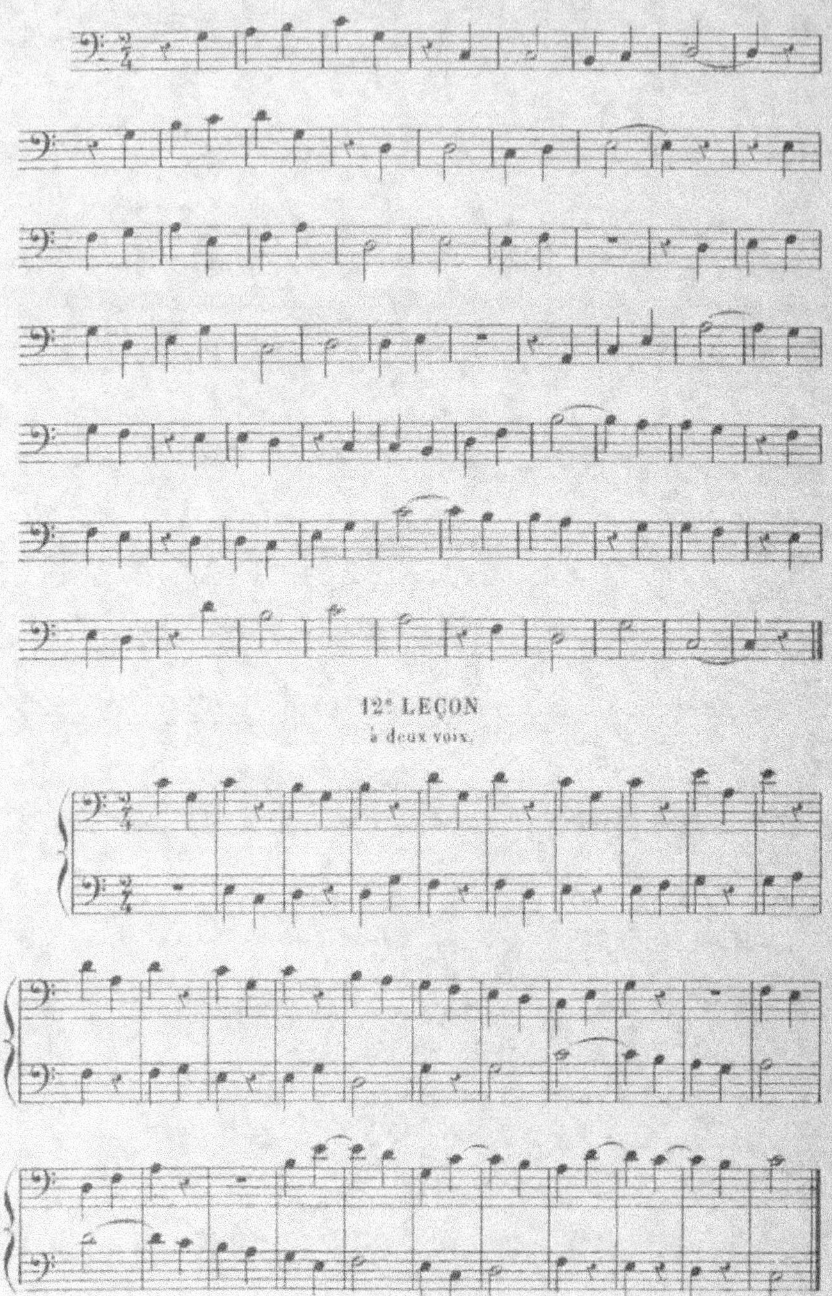

12ᵉ LEÇON
à deux voix.

EXERCICES DE RYTHME.

51.

52.

53.

54.

55.

56.

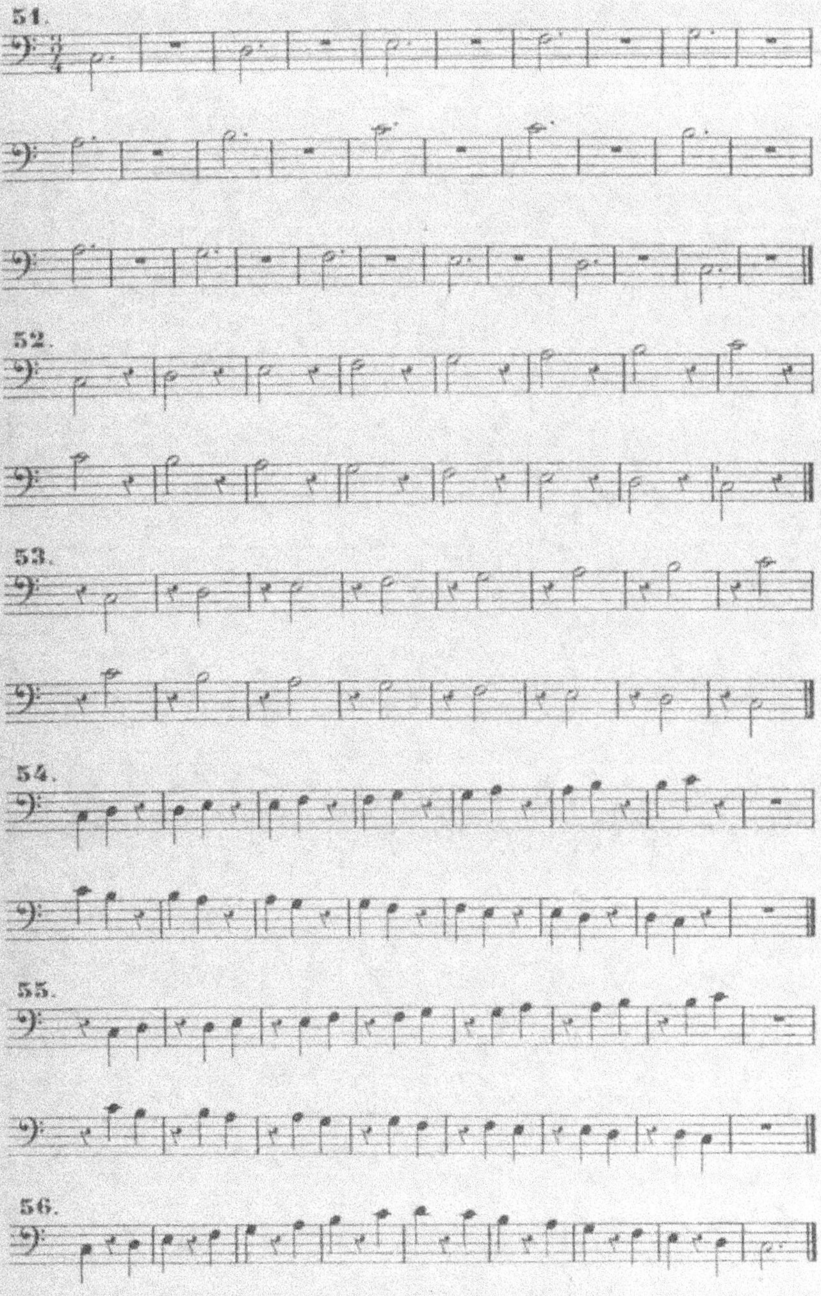

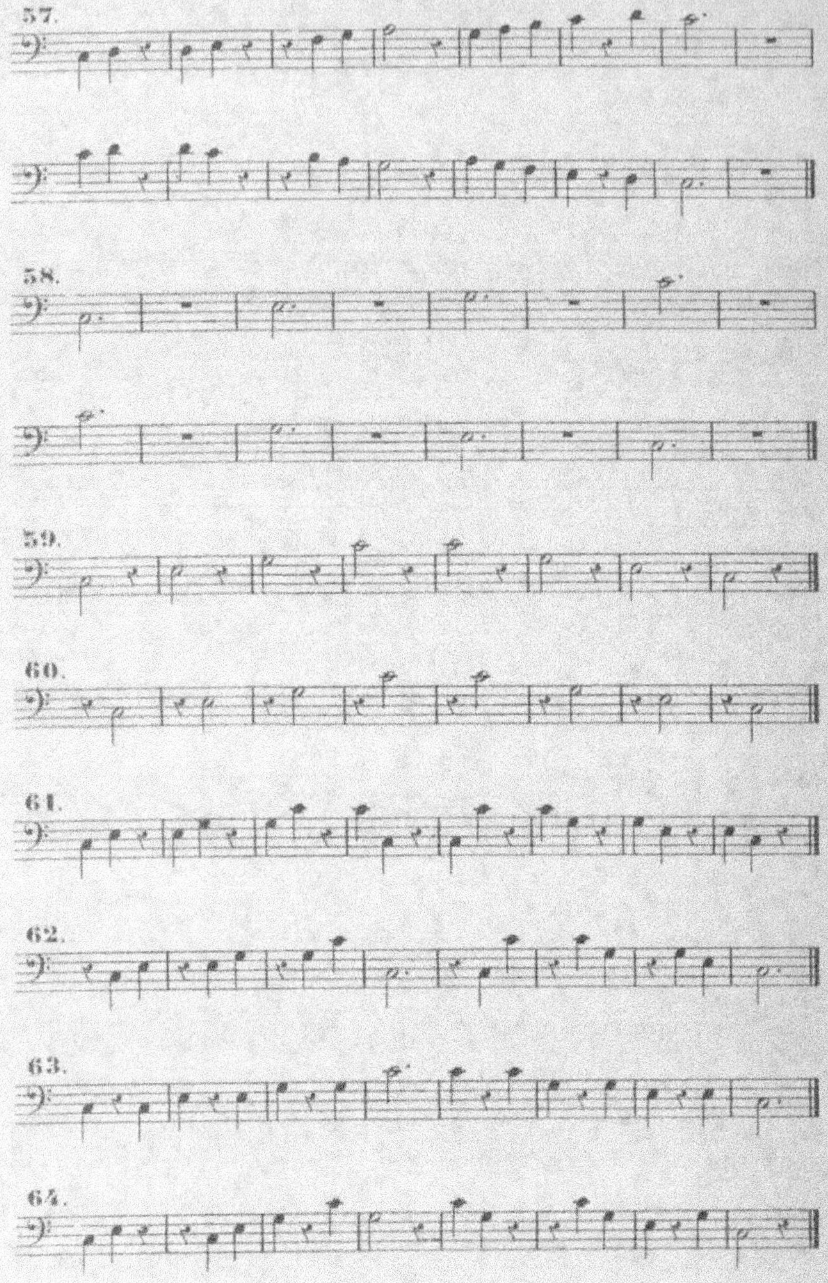
57.
58.
59.
60.
61.
62.
63.
64.

13.ᵉ LEÇON.

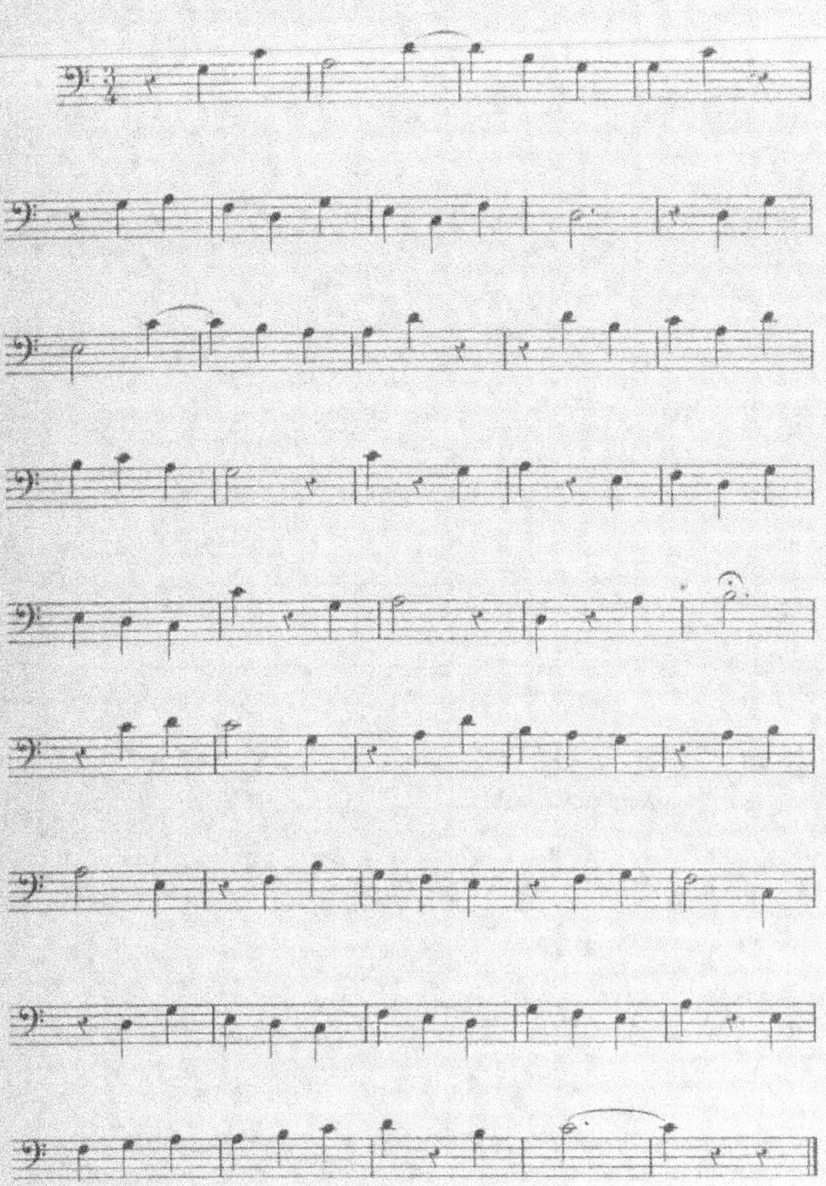

* Placé sur une note, ce signe prend le nom de point d'orgue. On le nomme point d'arrêt quand il est placé sur un silence. Son effet est de suspendre momentanément la mesure en prolongeant la durée de la note ou du silence selon le bon goût de l'exécutant.

14ᵉ LEÇON.

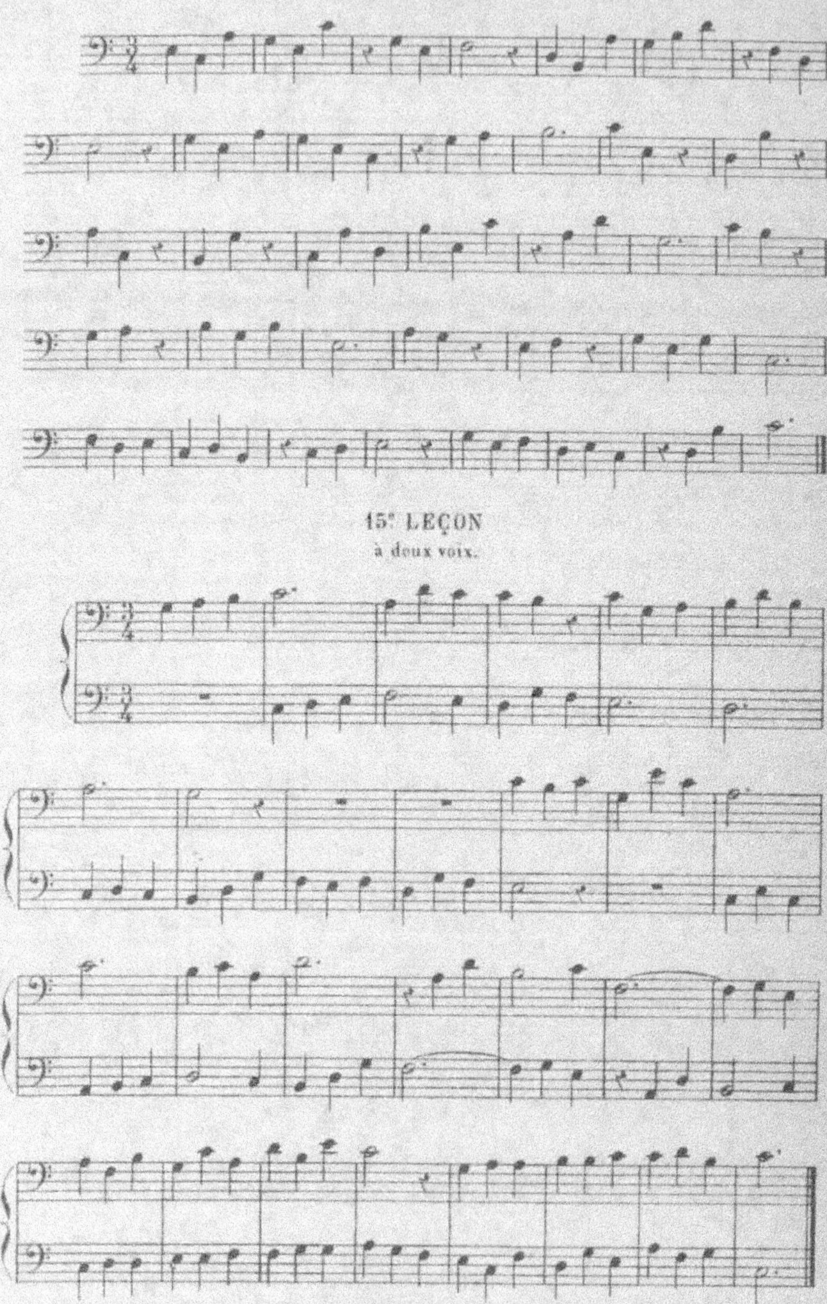

15ᵉ LEÇON
à deux voix.

EXERCICES DE RYTHME.

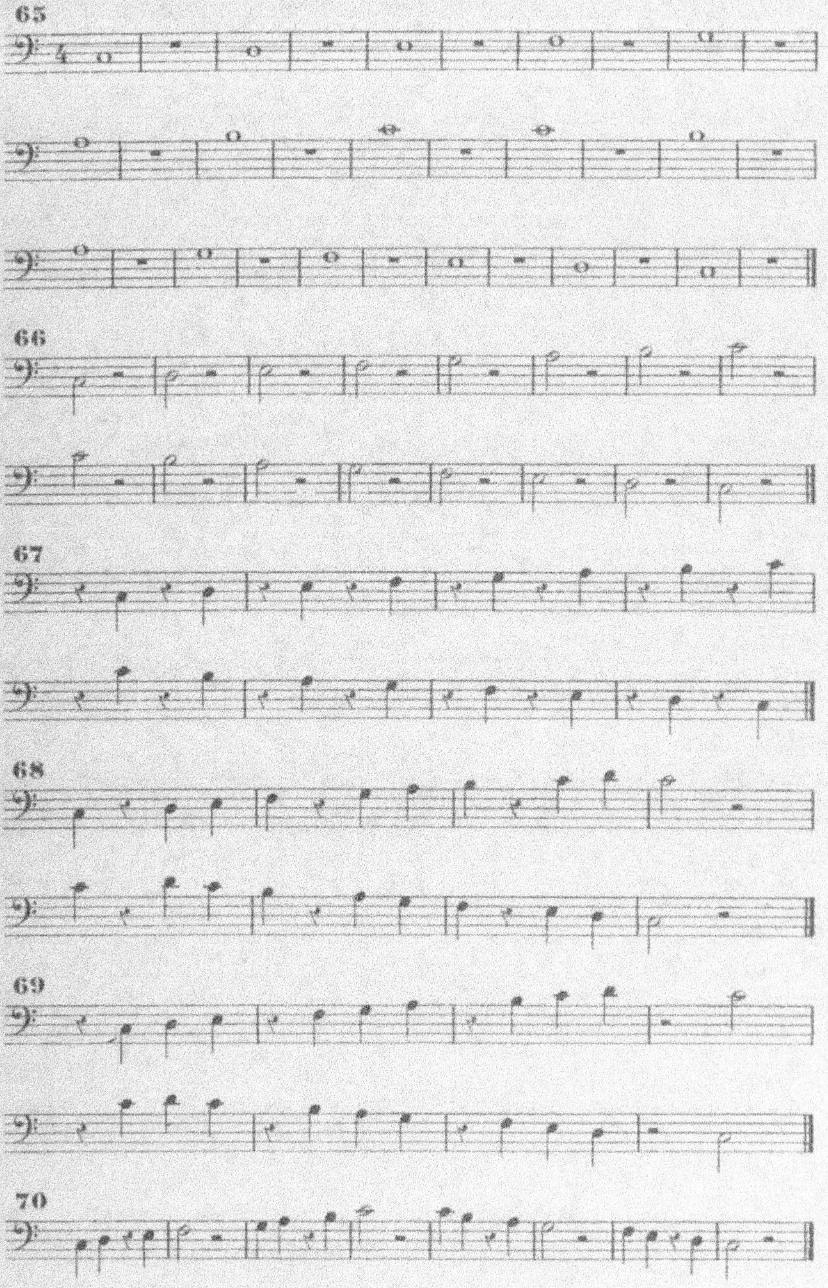

71.

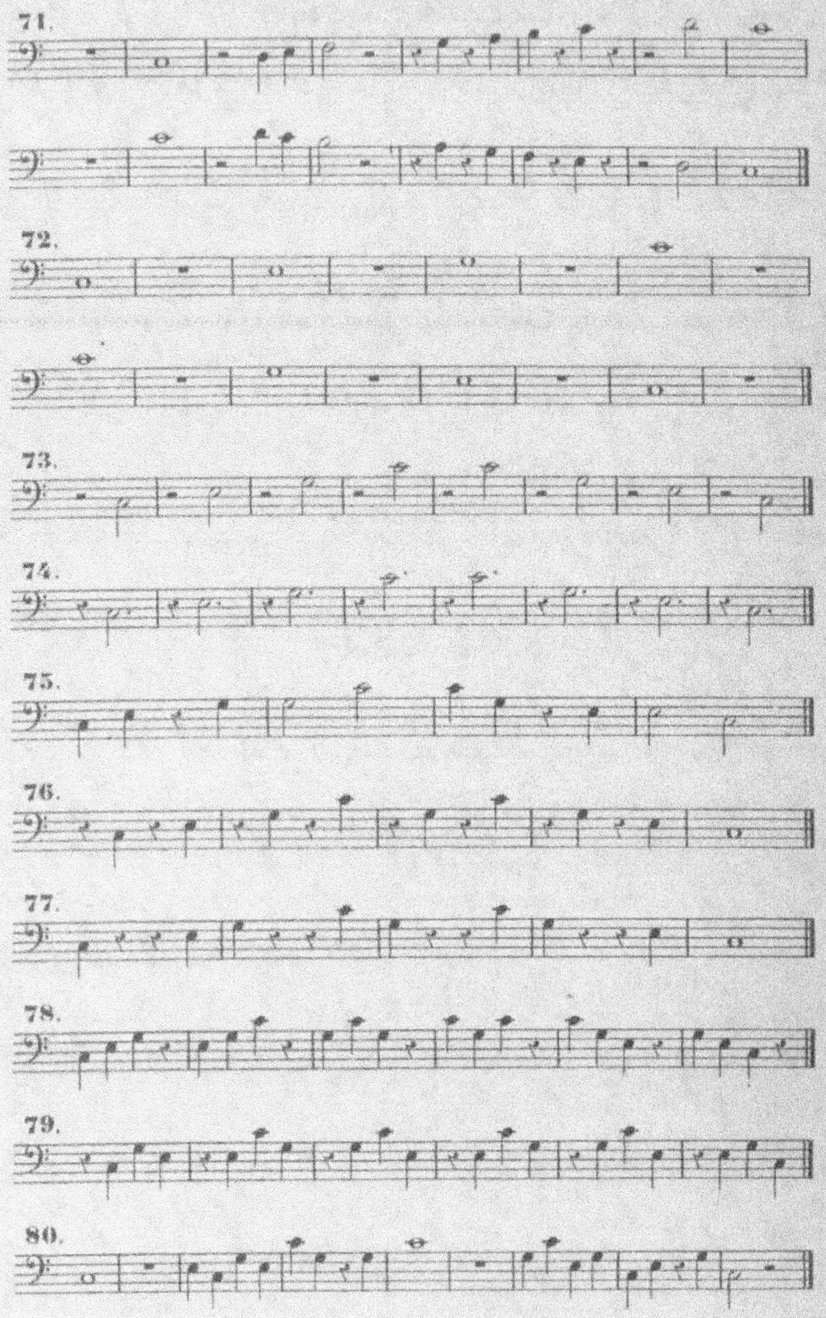

72.

73.

74.

75.

76.

77.

78.

79.

80.

16.ᵉ LEÇON.

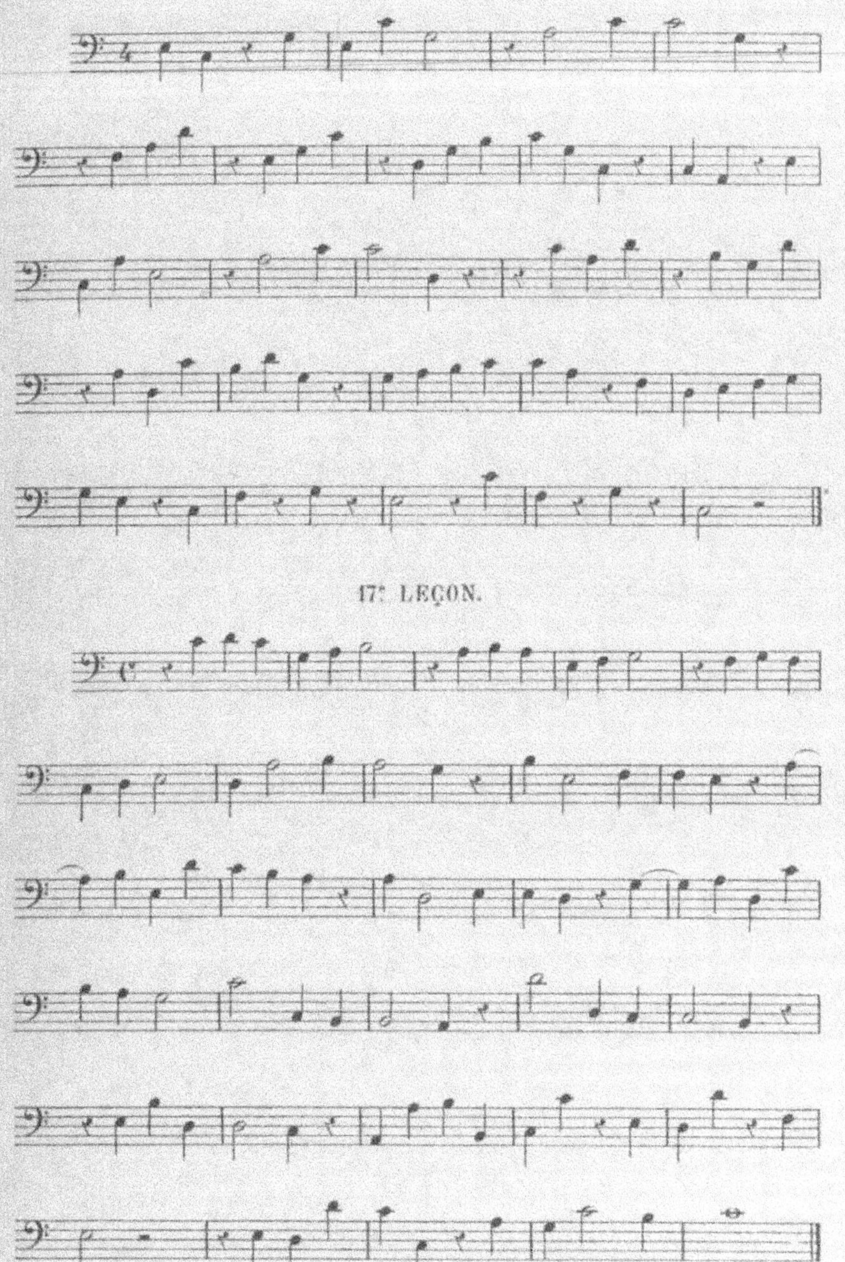

17.ᵉ LEÇON.

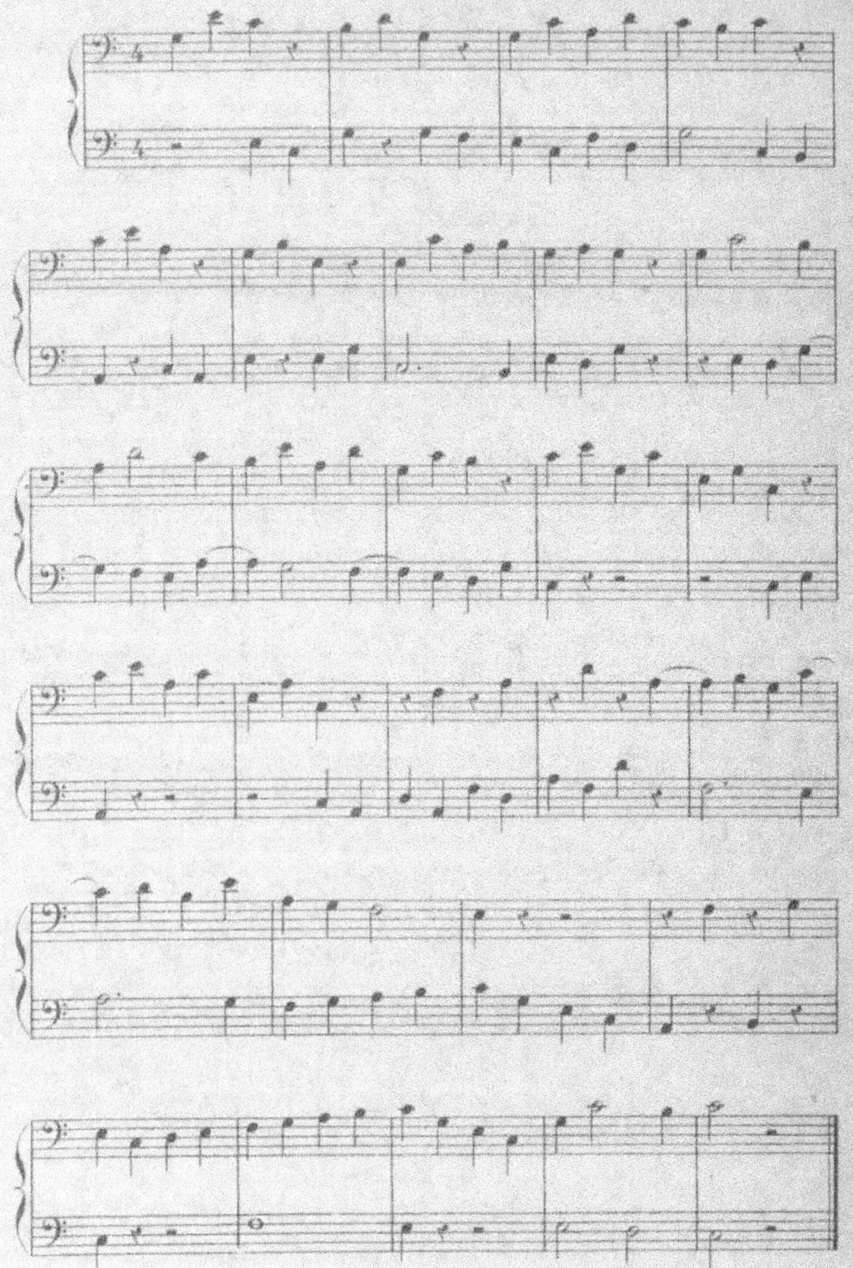
18ᵉ LEÇON
à deux voix.

SIGNES D'ALTÉRATION.

ACCIDENTS

On nomme naturelles les notes dont se compose la gamme d'Ut.

Le son de ces notes peut être modifié.

A cet effet, on fait usage de trois signes d'altération:

Le Dièze   Le Bémol   Le Bécarre

Le dièze hausse la note d'un demi-ton.

Le bémol baisse la note d'un demi-ton.

Le bécarre détruit l'effet du dièze et du bemol, et ramène la note à son état naturel.

On nomme altérées les notes qui subissent l'influence de l'un de ces trois signes. Si cette influence n'est que passagère, les altérations sont dites accidentelles et les signes qui les produisent sont appelés accidents.

Un signe d'altération, placé devant une note, agit non-seulement sur cette note, mais aussi sur toutes celles de même nom renfermées dans la même mesure. Son action se prolonge au contraire sur toute la ligne, lorsqu'il est placé immédiatement après la clef.

On se sert aussi du double dièze x qui hausse la note de deux demi-tons, et du double bémol ♭♭ qui la baisse d'autant.

EXERCICES D'INTONATION.

84.

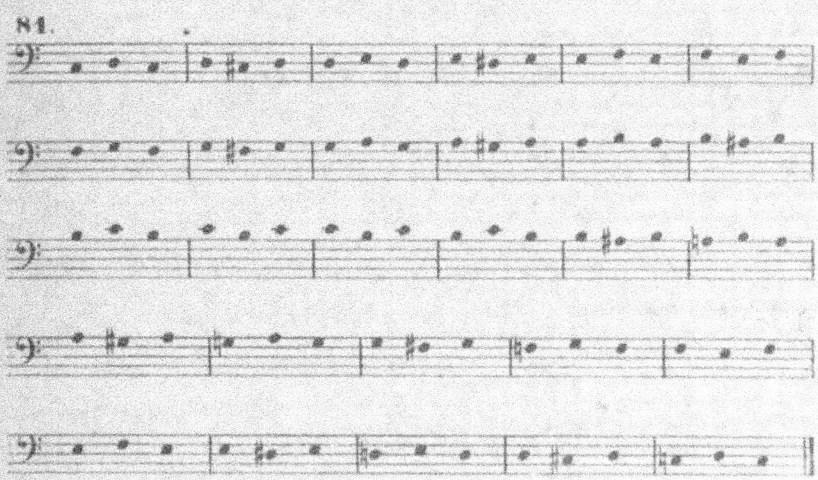

NOTA. L'usage du bécarre n'est pas indispensable dans cet exercice. On l'emploie souvent ainsi par précaution.

* Les barres verticales indiquent un repos.

82.

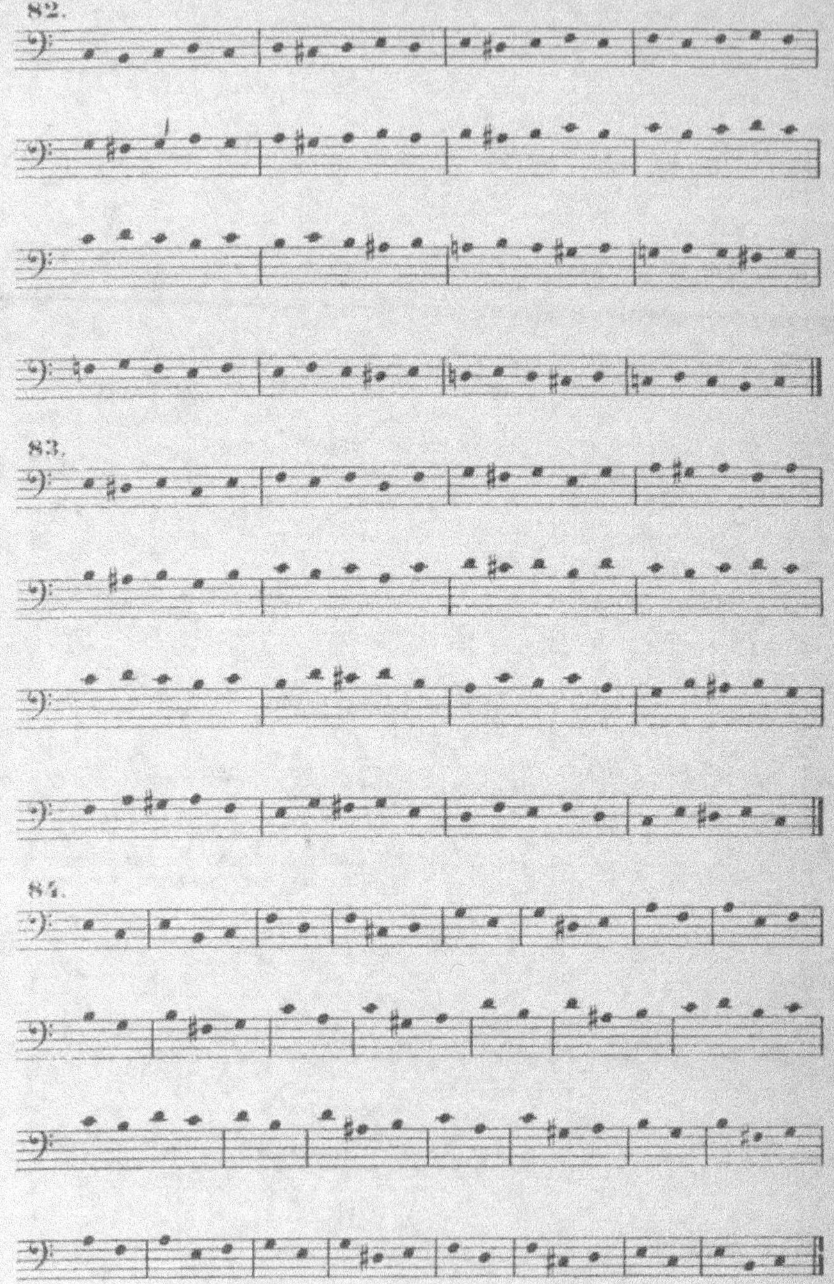

83.

84.

19.ᵉ LEÇON.

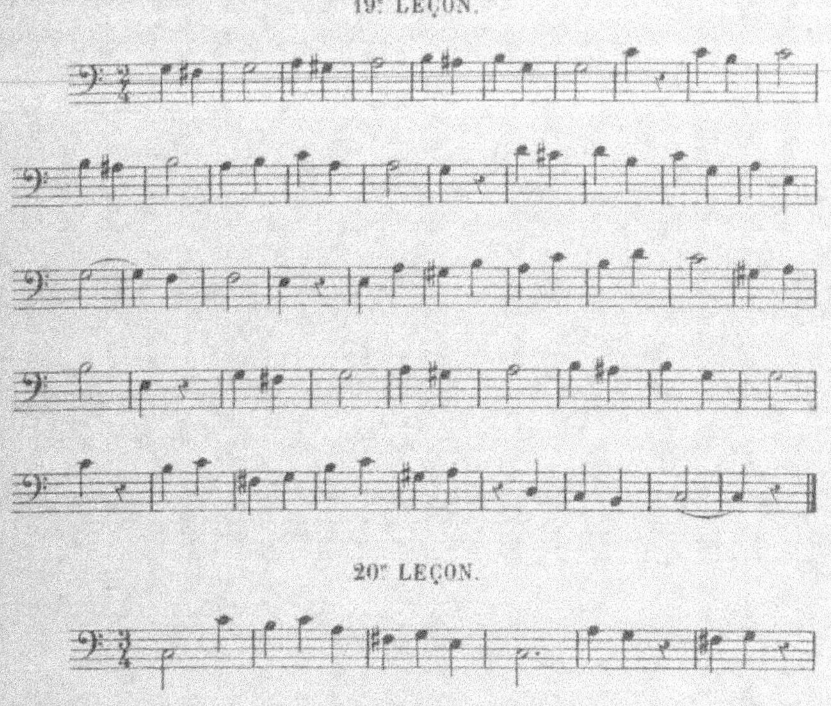

20.ᵉ LEÇON.

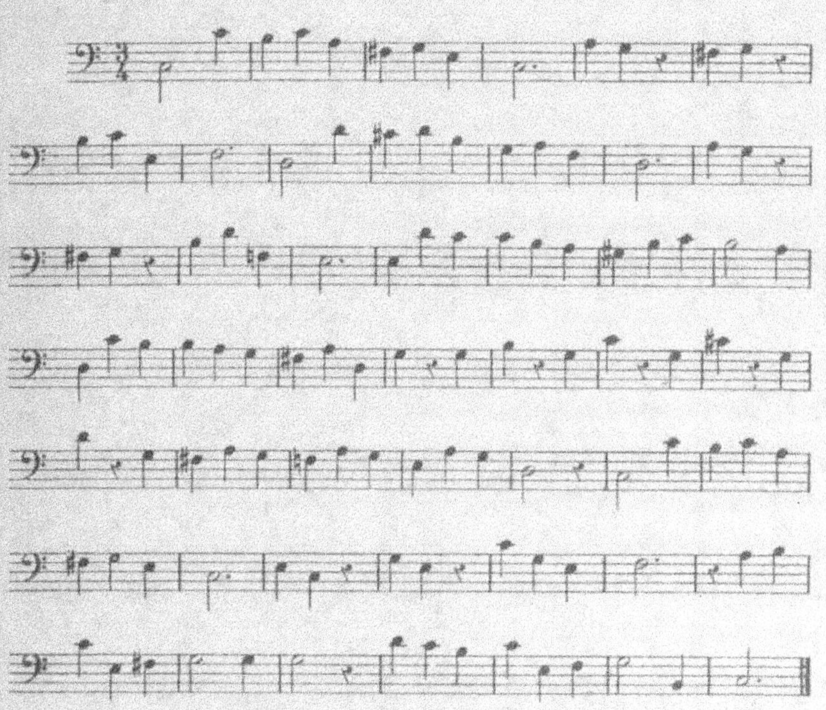

24.ᵉ LEÇON
à deux voix.

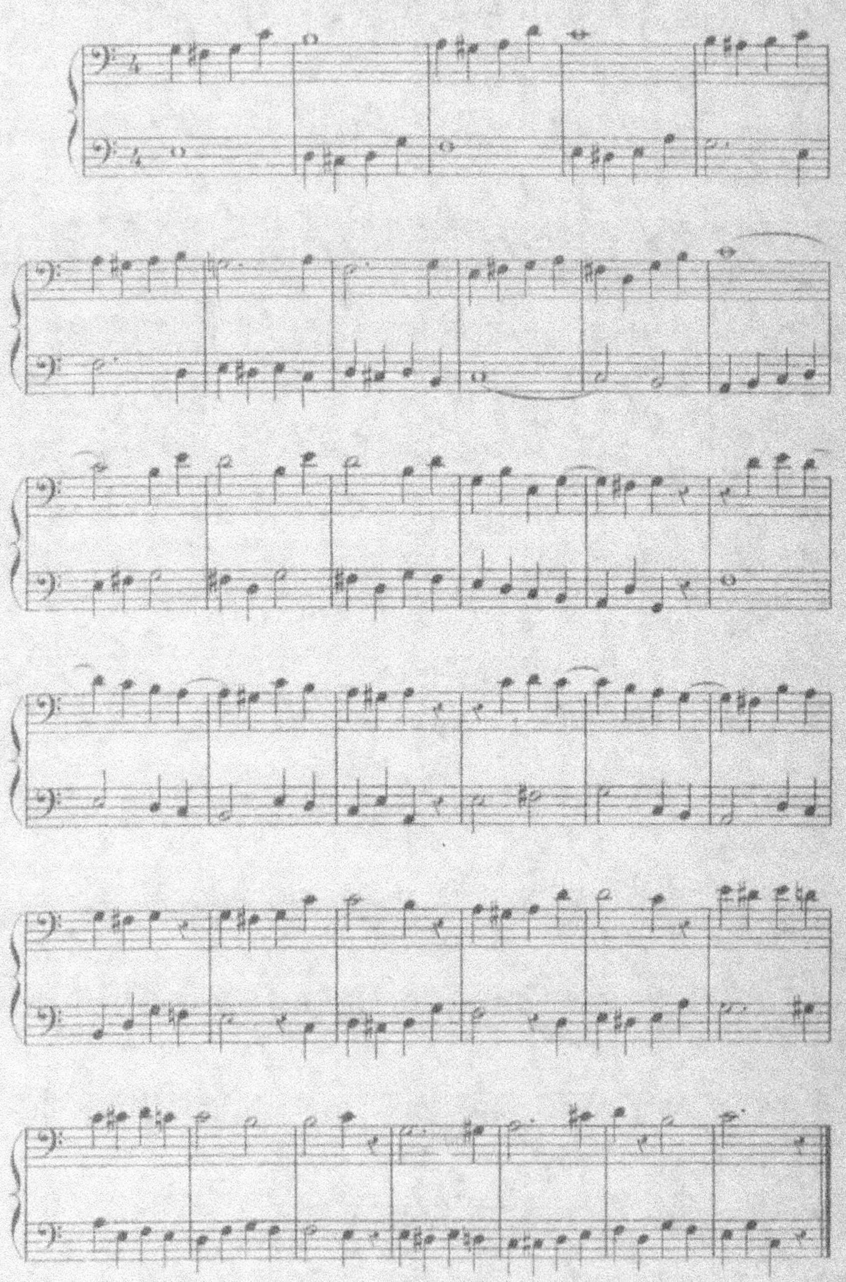

EXERCICES D'INTONATION.

85.

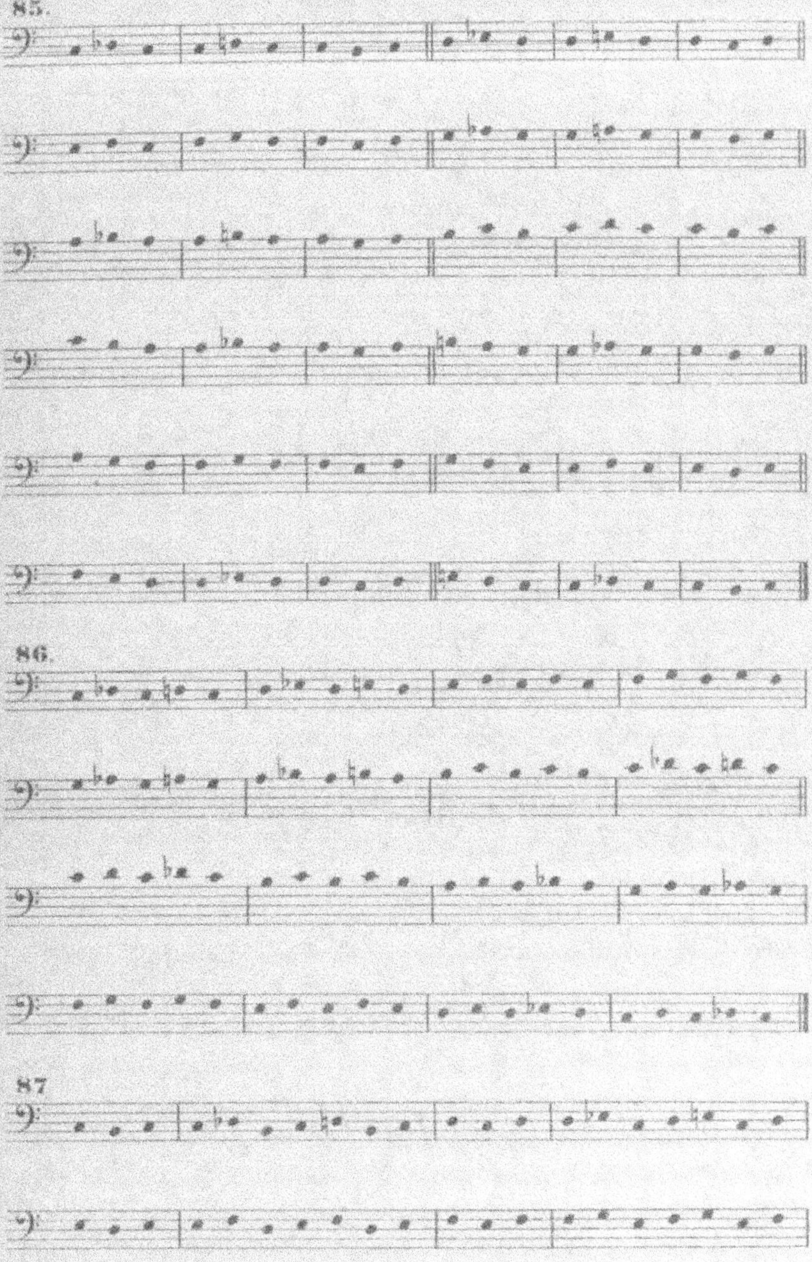

86.

87

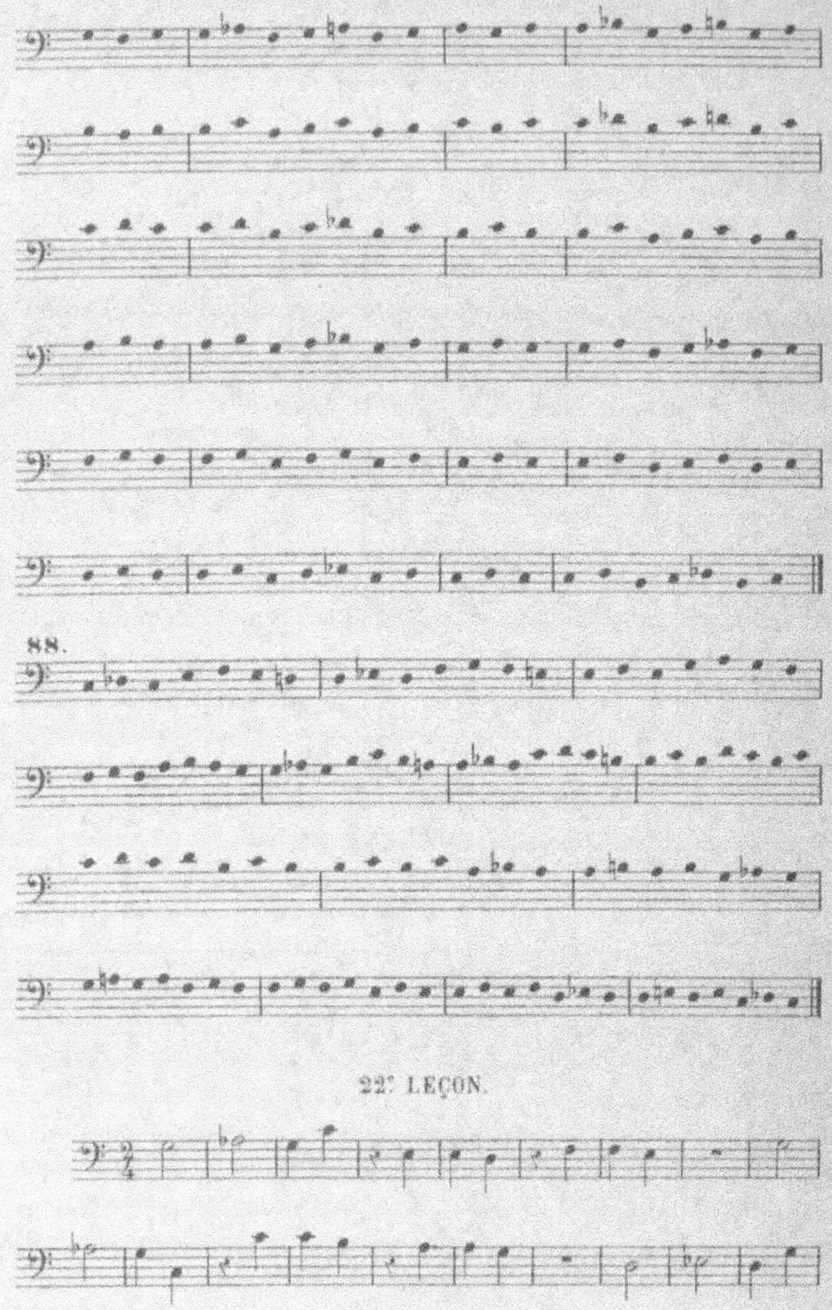

88.
22ᵉ LEÇON.

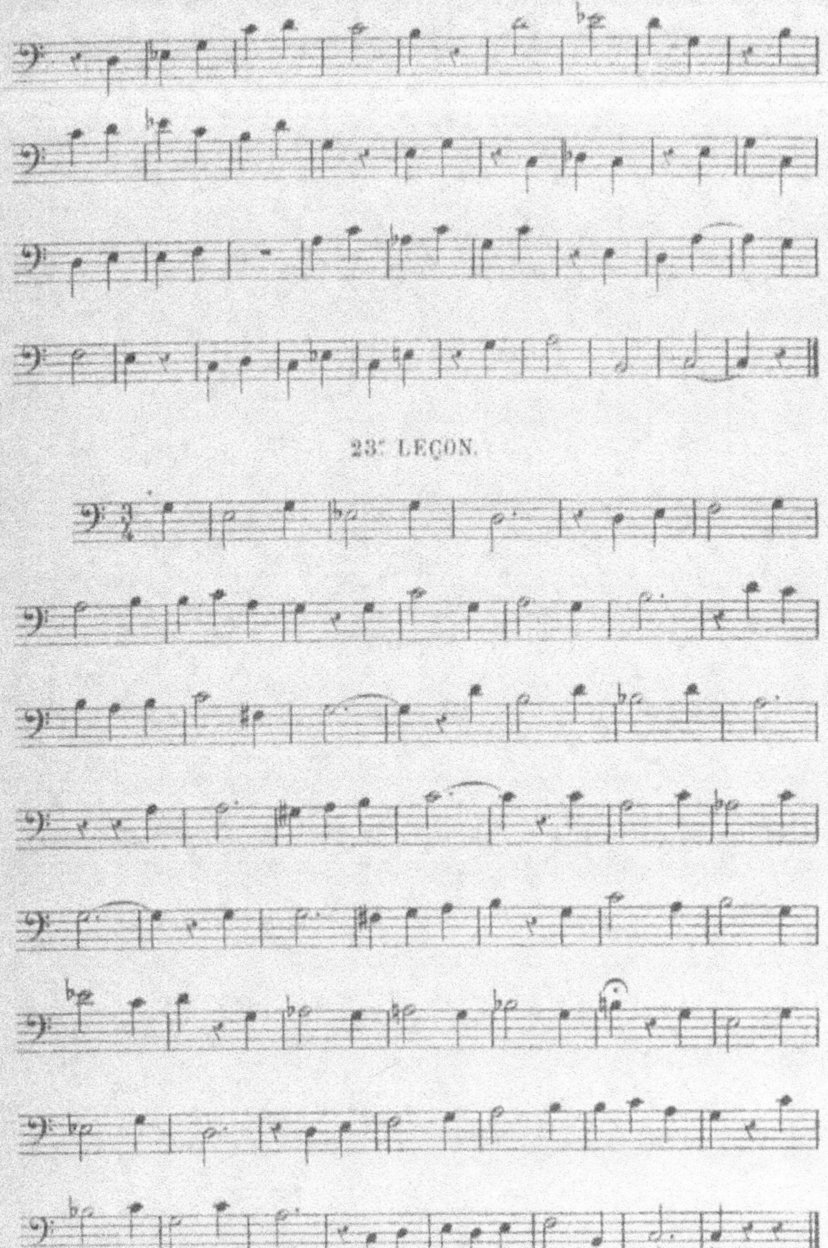

* Il est permis de ne pas écrire les silences qui commencent la première mesure d'un morceau. Dans ce cas, on doit compter mentalement les valeurs absentes.

24.ᵉ LEÇON
à deux voix.

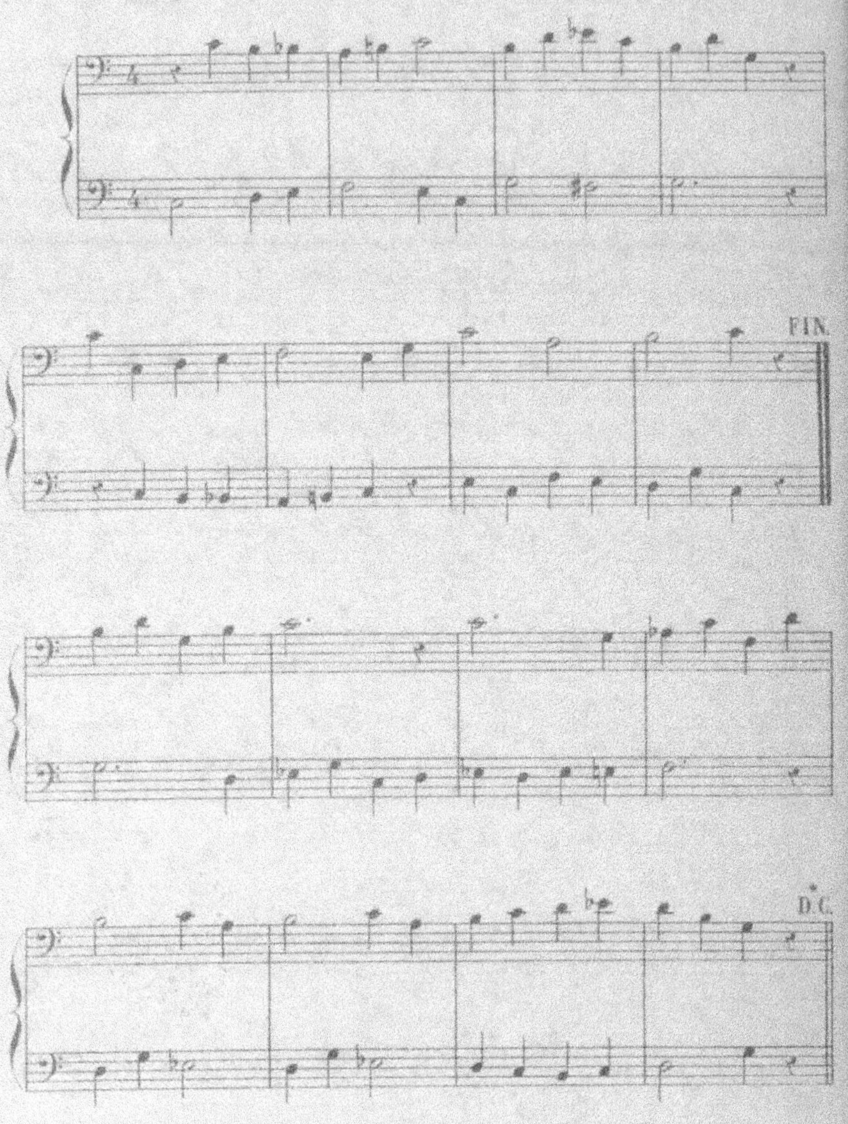

*D.C. Abréviation de DA CAPO (de la tête, du commencement) indique la reprise du morceau jusqu'au mot FIN.

EXERCICES PRATIQUES.

1º Dès que l'élève aura chanté les premières leçons, on les lui fera copier comme devoir pour l'habituer à l'écriture des signes et le préparer ainsi à la dictée musicale.

2º Les dictées seront progressives et de trois sortes: Dictée d'intonation; dictée de rythme; dictée d'intonation et de rythme.

Pour la première, le professeur fera entendre, sans rythme, un petit nombre de sons que l'élève écrira à mesure sur la portée.

Pour la deuxième, le professeur fera battre la mesure et exécuter sur un son unique des rondes, des blanches, des noires, diversement combinées comme rythme.

La troisième sera l'application simultanée des deux premières; c'est-à-dire que l'élève devra non seulement deviner le nom de la note, mais aussi sa valeur.

Nous laissons à l'intelligence du maître le soin de graduer convenablement ces dictées qui ne devront porter que sur les connaissances acquises dans ce premier livre; nous en indiquerons la marche progressive à la fin de chaque partie.

3º Exercices d'intonation sur la seconde majeure et sur la seconde mineure.

On ne pratiquera cet exercice qu'après l'emploi du dièze et du bémol. Voici comment on pourra procéder:

Après avoir choisi une note quelconque, le professeur la chantera en vocalisant, et demandera l'intonation de la note située un ton ou un demi-ton au-dessus, un ton ou un demi-ton au-dessous.

4º Si le cours est peu nombreux, faire écrire dans l'intervalle des leçons un petit résumé de la théorie apprise à la leçon précédente.

FIN DE LA PREMIÈRE PARTIE

RÉPERTOIRE des MAISONS d'ÉDUCATION

(Œuvres révisées rigoureusement au point de vue des paroles)

***

PARTITIONS pour Piano et Chant (avec Soli et Chœurs)

Aubert (Louis)	*Matin de Pâques*, légende sacrée pour soprano, mezzo-soprano et baryton	NET	5 »
Georges (Alex.)	*Chemin de Croix*, 12 poésies religieuses de A. Silvestre, illustrations de Marcel-Sélaton		8 »
	Partie de violon		2 »
	de violoncelle		2 »
	Parties de chœurs (hommes)		2 »
	(femmes)		1 »
Fragerolle (G.)	*La Marche à l'Étoile*, illustré par Rivière		6 »
	(Demander les prix de la location du matériel de projection)		
	Le Juif-Errant, illustré par Rivière (pour garçons)		7 »
Lecome (P.)	*Les Fêtes chrétiennes*, petits oratorios :		
	N° 1. *Les Saints Innocents*		3 »
	N° 2. *Les Rois*		3 »
	N° 3. *Pâques*		3 »
	Pour chaque oratorio, Parties de chœur		1 »
Ollone (Max d')	*Jeanne d'Arc à Domrémy*		
	Partition piano et chant		3 »
	Partie d'harmonium		2 »
	de violon		2 »
	Parties de chœurs (hommes)		0 60
	(femmes)		0 60
Pierné (Gabriel)	*L'An Mil*, poème symphonique, Partition piano et chant		10 »
	Parties de chœur. *A* Ténors		1 »
	B Soprani		1 »
	C Basses		1 »
	D Contralti		1 »
	(Pour les Parties d'orchestre, voir le Catalogue spécial)		

MÉLODIES (Piano et Chant)

Becker-Grondahl (Ag.)	Prière du soir		Gédalge	Le chemin des Écoliers (2 tons)	
Suienlôtre (N. de)	Les Roses de Nazareth		Georges (Alex.)	Berceuse	
	Sonnet à la Vierge Marie (2 tons)			L'eau qui court (2 tons)	
Cartaxan (G.)	Chanson de l'Abeille		Goublier (G.)	L'Angélus de la mer (2 tons)	
Carman (M.)	La Sevillle		Lecome (P.)	Un bal d'oiseaux (2 tons)	
Chabrier (Emm.)	Lied (de Rolnclise [Germaine], 2 tons)			Dors, cher petit (2 tons)	
	Les Cigales			Chant de fête pour l'inauguration d'un orgue, avec orgue	
	Le même, accomp. simplifié			La Toussaint (2 tons)	
	Chanson pour Jeanne (2 tons)			Chanson lorraine (2 tons)	
	Noël des Cathédrales (2 tons)		Lecocq (Ch.)	Complet de la Rose et du Muguet	
	Le même, avec accomp. d'orgue		Legay (Marcel)	Berceuse	
	Romance de l'Étoile			Salut aux Alpes	
Chaminade (C.)	Invocation (voix gravée)			Vitrail d'Alsace (2 tons)	
	Noël des Oiseaux (2 tons)		Louermand (R.)	Le chant des vieilles mélaurce (2 tons)	
	Rossignolette		Linnet (A.)	Le petit Pichgion (pour garçons)	
	Les Rêves		Louis (Émile)	Mater maternel (avec orgue)	10
	Rêve d'un soir		Main	La Semaine	
	Villageix		Messager (A.)	La Chanson des Cerises (2 tons)	
Chastagne	Sopran républicaine			Berceuse Béarnaise	
Chavagnat	Chanson d'Ouvrier			Couplets militaires	
Delmet (Paul)	Chanson du réveil			Couplets de la Conquête (la Fiancée du Temps)	
	J'ora en paix		Michel (G.-Marie)	La chanson du Rouet (2 tons)	
	a Fanvize de France		Michiels (G.)	Le bon gîte (garçons)	
	Salutaris		Misse (Edm.)	Le chant de l'Alouette	
Duvernoy (Alph.)	Noël d'Alsace (2 tons)		Moszkowski (M.)	Près du berceau	
	antienne d'Noël (2 tons)		Rahaud (H.)	Prière (2 tons)	
	rien d'Noël (basse)		Rougé (J.-B.)	La Pastresse de Sancilles	
Enoeu (G.)	Le Désert			Résurrection (2 tons)	
	La Sixley (2 tons)		Roques	Les Fuyeuse	
Flégir (A.)	Les Rioudaixix de mer		Saint-Quentin (E. de)	L'Aurore	
Fragerolle (G.)	Milox (extrait du Spahi)		Stievenard	Chant du berceau	
	La Vierge		Strohl (P.)	Madeleine	
	Les vieux papillons (2 tons)		Trémisot (Ed.)	Les Lapins	
Franck (César)	Roses et Papillons			Marche d'Irlande (2 tons)	
	Bucharis (2 tons)			Le Noël des enfants (2 tons)	
Gasse (Louis)	Hymne de la jeunesse chrétienne			Le Noël des Vagabonds (2 tons)	
	Marche Lorraine			Rêde d'oiseaux (2 tons)	
	Marche Grecque		Viardot (Mme P.)	Ferme (2 tons)	
	Nos p'tits enfants		Wacha (P.)	Du dîner d'oiseaux	
Garnault	Guillerette	50		Les plus grands	
	Ode à la Naissance NET		Wacha (F.)	La folie de l'Enfant bleu